新丝绸之路

>>> 重新开始的旅程

新丝绸之路

>>>重新开始的旅程

马 媛

五洲传播出版社

新丝绸之路/目录

第四章　丝路传承——羌笛绵延胡舞飞扬

第五章　丝路明珠——璀璨绚丽光彩夺目

前言

2100 多年前，汉朝使节张骞出使西域，开辟了以长安（今陕西西安）为起点，经甘肃、新疆，到中亚、西亚，并联结地中海各国的陆上通道，这便是今天人们熟知的“陆上丝绸之路”。在接下来的十多个世纪里，大漠孤烟，声声驼铃，古老的丝绸之路成为东西方商品交换和文化交流的纽带。

2013 年 9 月，中国国家主席习近平在哈萨克斯坦纳扎尔巴耶夫大学发表重要演讲，深刻阐述了建设“丝绸之路经济带”的宏伟构想。政策沟通、道路联通、贸易畅通、货币流通、民心相通，这将使亚欧各国经济联系更加紧密，相互合作更加深入，发展空间更加广阔。以路为轴，以地为纸，以合作为画笔，一幅中国同亚欧各国友好合作的宏大画卷跃然纸上。

千百年来，在古老的丝绸之路上，各国人民共同谱写世代传诵的友好篇章。两千多年的交往历史证明，只要坚持团结互信、平等互利、包容互鉴、合作共赢，不同种族、不同信仰、不同文化背景的国家，完全可以共享和平、共同发展。这是古丝绸之路留给我们的宝贵启示。

今天，“丝绸之路经济带”给人们描绘了相互合作、平等互利的新篇章。丝绸之路经济带，东边牵着亚太经济圈，西边系着欧洲经济圈，被认为是世界上最长、最具有发展潜力的经济大走廊。丝路经济带建设，将为亚欧各国的合作带来更多的契机，更有效地促进共同发展。用创新的合作模式，共同建设丝绸之路经济带，这将是一项造福沿途各国人民的伟大事业。

丝绸之路经济带横贯亚欧，总人口近30亿，市场规模和潜力独一无二。各国在贸易和投资领域合作潜力巨大。各方应就贸易和投资便利化问题进行探讨并作出适当安排，消除贸易壁垒，降低贸易和投资成本，提高区域经济循环速度和质量，实现互利共赢。

国之交，民相亲。搞好丝绸之路经济带的经济文化合作，必须得到各国人民的支持，必须加强人民的友好往来，增进相互了解和传统友谊，为开展区域合作奠定坚实的民意基础和社会基础。

古老的丝绸之路除了陆上交通以外，还有一条途径是取道海路，自中国东南沿海港口，往南穿过南中国海，进入印度洋、波斯湾地区，远及东非、欧洲。2013年10月，中国国家主席习近平在印度尼西亚国会发表重要演讲，提出："东南亚地区自古以来就是海上丝绸之路的重要枢纽，中国愿与东盟国家加强海上合作，使用好中国政府设立的中国—东盟海上合作基金，发展好海洋合作伙伴关系，共同建设'21世纪海上丝绸之路'。"

古代丝绸之路实现了亚欧大陆各国间的商品、技术、人员和思想交流，推动了各国经济文化发展和社会进步，促进了不同文明的对话与交融。"丝绸之路经济带"与"21世纪海上丝绸之路"，则集中体现了当今中国在坚持全球经济开放、自由、合作主旨下，促进世界经济繁荣的新理念。"一带一路"的宏伟构想，从历史深处走来，顺应和平、发展、合作、共赢的时代潮流，承载着丝绸之路沿途各国发展繁荣的梦想，必将赋予古老丝绸之路以崭新的时代内涵！

丝路古韵
——驼铃悠扬商贾云集

茫茫沙海，赶驼人匆匆的脚步，伴着悠扬的驼铃声，向远方而去。沙丘移动着历史的足迹，沙漠驼舟载着交换的商品，消失在夕阳下……

即使在今天来看，丝绸依然是一种华丽、舒适的织物。从公元前2世纪开始的数千年间，大量的中国丝绸被运往西方，这条陆上贸易通道也因此拥有了一个动听的名字——丝绸之路。

丝路的开辟

在中国新疆维吾尔族人的饮食里，胡萝卜的食用频率很高，它和羊肉一起熬，就是味美的肉汤；和大米一起煮，就是诱人的抓饭；与洋葱一起拌，就是一道家常的凉菜。

在中国内地，胡萝卜同样被广泛种植和食用。但很多人并不知道，胡萝卜原本并不是中原的食材。西汉时期（前206—公元25）张骞出使西域，开辟了连通中原与西域，直至中亚、西亚的通道，这种看似萝卜的植物才沿着“丝绸之路”进入中原地区。由于西域在当时被称为“胡地”，人们将其命名为“胡萝卜”。

“丝绸之路”的概念，最早是德国地理学家李希霍芬在他的著作《中国旅行报告》一书中提出的。他将公元前114年至公元127年近两个半世纪间开辟的，经西域将中国与中亚的阿姆河－锡尔河地区以及印度连接起来的贸易道路，命名为“丝绸之路”，因为在通过这条漫漫长路进行贸易的货物中，中国的丝绸最具代表性。

公元前139年，西汉使节张骞（约前164—前114）奉汉武帝之命出使西域。前后历时30余年，

甘肃敦煌莫高窟壁画，描绘了张骞辞别汉武帝出使西域的情景。

丝绸之路路线图

他开拓出丝绸之路，揭开了东西方经济文化交流的新时代。

自张骞第一次通西域到西汉末年，以汉朝都城长安（今陕西西安）为东端的丝绸之路繁荣兴盛了140年之久，东西方经济、文化的交流大大推动了社会和文明的发展。西汉末年，在匈奴的袭扰下，丝绸之路中断了60多年。公元73年，东汉使节班超（32—102）再度出使西域，重新打通丝绸之路，并将这条路线首次延伸到了欧洲，加强了东西方的商业往来和文化交流。

隋（581—618）唐（618—907）时期，中国封建社会步入盛世，丝绸之路也迎来了空前的繁荣。在唐朝都城长安，聚集了来自世界各国的人，包括波斯商人、粟特工匠、阿拉伯水手、日本遣唐使、罗马教士、印度佛教徒，以及伊斯兰教徒、祆教徒等等。长安城的东西两市热闹非凡，来自中亚、西亚、南亚乃至欧洲的各种物品，都沿着丝绸之路运到这里。外国商人又在此大量采购中国的丝织品、瓷器、金银制品、纸张、茶叶等，再沿着丝绸之路运往世界各地。

唐中叶，战乱频繁，丝路被阻，规模远不如前，海路逐渐成为中外贸易的主要通道。宋（960—1279）元（1206—1368）时期，海上丝绸之路空前繁盛，并最终完全取代了陆上丝绸之路的地位。

在十多个世纪的历史长河里，古老而漫长的丝绸之路是连接东西方的重要大动脉。它贯穿古代中国、阿富汗、印度、阿姆河－锡尔河地区、伊朗、伊拉克、叙利亚、土耳其，通过地中海到达罗马。来往于这条道路上的，有忙碌的商人、受命出使远方的使者，也有虔诚的教徒和自由的旅行者。频繁的贸易和交流使丝绸之路沿线各地的人民有机会相互了解，这条伟大的道路也成为他们共同的历史遗产。

着华服的李希霍芬和家人

《中国旅行报告》，李希霍芬著，他在这本书中最早提出了“丝绸之路”的概念。

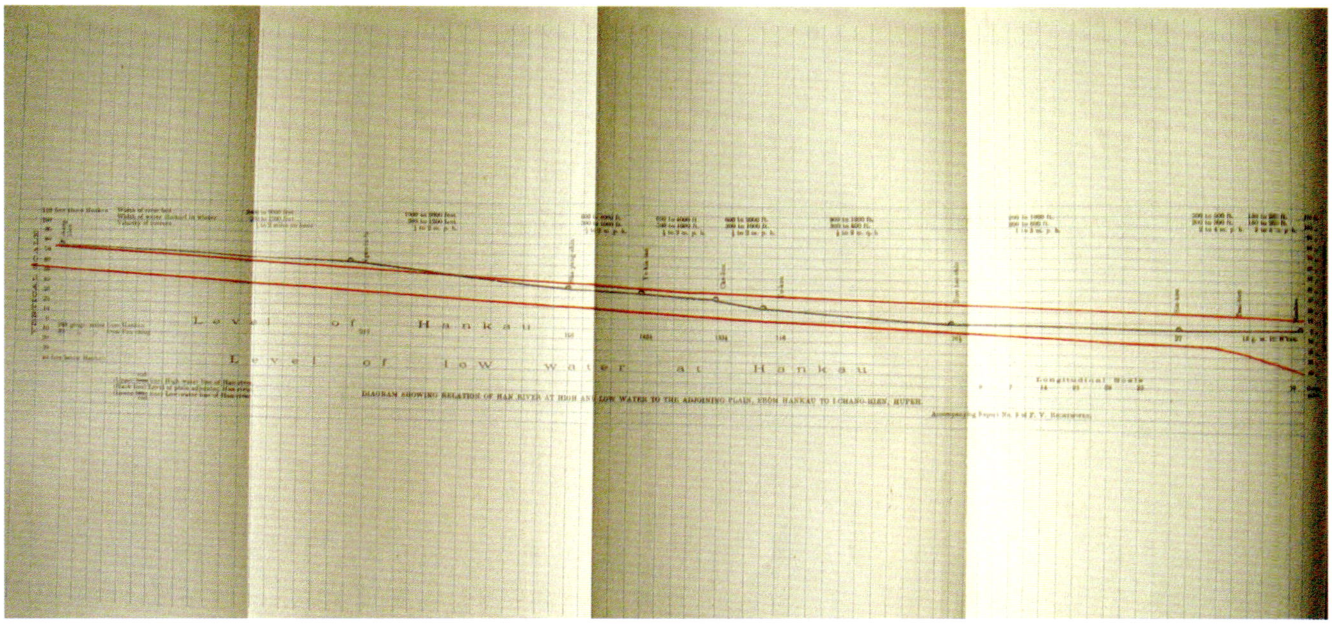

李希霍芬所制丝绸之路水平图

西安大唐西市夜景。据今 1300 年前的唐长安城西市，是当时世界上最大的国际商贸中心，经营来自各国的商品，这里也是唐代丝绸之路的起点。

市

河西走廊是中国内地通往新疆的要道，东起乌鞘岭，西至古玉门关，长约 900 公里。自古以来，河西走廊就是丝绸之路的必经之地。

甘肃敦煌玉门关遗址。玉门关建于公元前 111 年左右，是丝绸之路通往西域北道的咽喉要隘。2014 年 6 月，玉门关遗址作为中国、哈萨克斯坦和吉尔吉斯斯坦三国联合申遗的“丝绸之路：长安—天山廊道的路网”中的一处遗址点，成功列入《世界遗产名录》。

天山风光。天山横跨中国、哈萨克斯坦、吉尔吉斯斯坦和乌兹别克斯坦四国，全长2500公里。古丝绸之路进入新疆后，翻越天山，再一路向西，最终到达地中海边。

位于吉尔吉斯斯坦境内的丝绸之路遗迹之一：布拉纳遗址。布拉纳遗址又称巴拉沙衮城，建于公元 10 世纪，是中世纪时期楚河流域最大的城市之一，古丝绸之路上重要的商贸中心。

大漠孤烟，声声驼铃，古老的丝绸之路便以这样经典的镜头，定格在历史的记忆深处。

驿站的灯火

尼亚孜祖祖辈辈都生长在库车，祖上是赶驼人。现在这个职业已经没落，但尼亚孜依然钟爱骆驼。这种沙海中的生灵有着人们难以想象的坚韧不拔，悠扬的驼铃声伴着赶驼人沧桑的歌声，为寂寞而漫长的旅程平添了许多生机。每每抚摸着骆驼，尼亚孜就会沉浸在遥远的回忆中，那是赶驼人世代口口相传的故事。在那些故事里，丝绸之路上一个个驿站闪烁的灯火，是最温暖的色彩。

龟兹是丝绸之路上最主要的驿站之一。今天，龟兹人的后代用维吾尔语称这片土地为库车，意为十字路口、通衢之路。连接长安和罗马文明的丝绸之路，在穿越塔里木盆地时分为南道、中道和北道，龟兹是丝路中道和北道的必经之路。

汉朝时，就已有很详细的文字记载龟兹的情况。唐书《通典》卷一百九十一是这样描述通过龟兹的丝绸之路古道的："前往西域有二道，自元始以后有三道。从玉门关西出，经羌，而折反。转西，越葱岭，经悬度，入大月氏，为南道。从玉门关西出，发都护井，回三陇沙北头，经居卢仓，从沙西井转西北，过龙堆，到故楼兰，转西诣龟兹，至葱岭，为中道。从玉门关西北出，经横坑，辟三陇沙及龙堆，出五船北，到车师界戊已校尉所理高昌，转西与中道合龟兹，为新道。"

这段文字中提到的楼兰，也是古丝绸之路的重要驿站之一。据《史记·大宛列传》和《汉书·西域传》记载，早在公元2世纪以前，楼兰就是西域一个著名的"城廓之国"。它东通敦煌，西北到焉耆、尉犁，西南到若羌、且末，古丝绸之路的南、北两道从楼兰分道。西汉时，楼兰政通人和，物产丰富，经济繁荣，人口有1万多。楼兰城建有雄伟的城墙，还有整齐的街道，雄壮的佛寺、宝塔，城里商旅云集，市场热闹，是丝绸之路上的一个繁华之都。来自中国内地的丝绸、茶叶和西域特产宝马、玉石等，最早都通过楼兰交易。公元4世纪之后，繁荣一时的楼兰国神秘地消失了，只在罗布泊荒漠中留下了古城遗址。

随历史的烟波一同消失的还有高昌故城、交河故城、尼雅故城等，它们都是古丝绸之路千年沧桑的见证。

高昌故城始建于公元前1世纪，13世纪废弃，使用了1300多年。唐朝时在高昌设置安西都护府，大规模经营丝绸之路，高昌由此成为西域最大的国际都会。故城中曾发掘出一份唐天宝年间（742—755）的记账本，向人们展示了这里昔日的繁华。账本显示，当时高昌城的商肆成立了各种商品"行"，包括粮食、帛练、干鲜果品、皮毛、驼马等等，一应俱全；这里的商品既有中原名产，又有外来的进口货，如波斯骆驼，突厥马，天竺药材、香料，甚至还有当时称为"拂森狗"的哈巴狗，而这种狗产自东罗马。不难想象，那时的

隋唐洛阳城定鼎门遗址。洛阳是东汉都城、隋唐东都，也是丝绸之路的起点之一。

高昌是一个多么繁华的所在。

丝绸之路沿线更多的驿站举不胜举。它们不仅承载着商品交流、物资转运的重要功能，也是东西方各种不同文化的聚集地。一个个驿站将丝路串起，如同珍珠项链般点缀在亚欧大陆间。驿站闪烁的灯火，是丝路繁衍贯通的火种，指引和温暖着在路上跋涉的人们。

甘肃敦煌阳关遗址烽火台。敦煌是丝绸之路南北两道的汇合处，由敦煌西行，出玉门关走丝路北道，出阳关走南道。

甘肃敦煌鸣沙山月牙泉，以“亘古沙不填泉，泉不涸竭”成为丝绸之路上的一道奇观。

20 世纪初发掘的楼兰古国遗址

新疆库车街头，一位维吾尔族女孩正叫卖当地特有的大馕。丝绸之路上重要的西域古国龟兹便是以今日的库车为中心。

高昌故城，曾是高昌王国的都城，是古时丝绸之路在西域的交通枢纽。

交河故城，公元前 2 世纪至 5 世纪由车师人开创和建造，曾是古代西域政治、军事中心之一，也是丝绸之路上的重要驿站。公元 9 至 14 世纪由于连年战火逐渐衰落。交河故城是目前世界上最古老、保存最完好的生土建筑城市。

贸易的开启

骆驼是古丝绸之路上最重要的交通工具，一支大型商队常常拥有数十头甚至数百头骆驼。在汉唐最繁盛时期，丝绸之路上的商旅络绎不绝，驼队绵延相连，浩浩荡荡地穿越大漠戈壁，出没于绿洲之间。

在所有通过丝路远销西方的商品中，来自中国内地的丝绸无疑是最受欢迎的。植桑、养蚕和利用蚕丝织造丝绸，是古代中国人的伟大发明。考古发现证明，距今5000年前，生活在黄河和长江流域的人们就已经学会了制造丝线、丝带和绢。而在中国丝绸传入欧洲之前，希腊和罗马人主要的服饰原料是羊毛、亚麻。当第一次触摸到轻柔光亮、色彩绚丽的中国丝绸，欧洲人立刻被征服了。于是，他们将遥远的中国称为“赛里斯国”，称中国人为“赛里斯人”，所谓“赛里斯”即“丝绸”之意。

在中国丝绸西传之初，由于被少数商人垄断经营，加上沿途各国关卡课以重税，运到欧洲的丝绸已贵比黄金，即便在当时欧洲的政治、经济中心罗马城，也只有少数贵族才能穿上丝绸，并以此炫耀自己的财富和地位。

张骞开拓丝绸之路后，中国和中亚、欧洲的商业往来迅速增加。沿着丝绸之路，中国的丝、绸、绫、缎、绢等丝织品源源不断地运向中亚和欧洲。一些西域国家随着丝绸贸易的日益兴盛而成为中转站，并积极参与丝绸的贩运。比如善于经商的

中国古代绢画——《采桑养蚕图》

出土于长沙马王堆西汉墓的绢地刺绣残片，刺绣与丝绸的结合，让中国丝绸成为更精致的艺术。

康居国，他们的商人成群结队地赶着骆驼，带着皮毛、香料等货物到长安换成丝绸，然后再将其贩运到伊朗和中亚等地。隋唐时期，丝路贸易更加兴旺，运往西方的中国丝绸也开始融入西方风格。高昌故城出土的隋唐时代的丝绸，就带有明显的萨珊王朝艺术风格。和这些丝织品同时出土的，还有波斯银币、罗马金币，可见这些丝织品是专门为外销生产的。

通过丝绸之路，中国内地运销到西方的商品除了丝织品，还有铁器、漆器、茶叶，以及后期的瓷器。由西方输入中国内地的商品有农作物（如苜蓿、葡萄、石榴、胡桃、胡豆、胡萝卜、菠菜、芝麻等）、毛织品、香料、宝石、玉器、玻璃器、牲畜及畜产品等。

在频繁的贸易往来中，丝绸之路日益兴盛。唐代时，长安、洛阳、河西走廊、于阗、龟兹、疏勒、轮台以及鄯善、吐鲁番等地，成为当时中国境内最重要的贸易中心和交易点。为了保证丝路的畅通，唐朝政府在从长安经河西到西域各地的交通大道上设立驿馆，供给过路商人和官员食宿，为他们的牲畜提供草料，大大方便了丝路行旅。

由于商人们热衷于贸易活动，并不注意文字的记录，流传下来的有关丝路贸易的记载并不多。但他们遗留在古丝路沿途的钱币、金银，埋藏在遗址中的文书、丝绸和其他遗物，已经足以让后人去遥想当年丝路贸易曾经的辉煌。

丝绸之路开通后，中国同中亚、西亚的贸易往来日趋频繁，各国货币频频流入中国。图为西安附近出土的波斯银币和罗马金币。

甘肃敦煌莫高窟壁画，描绘了古代丝绸之路上商旅往来、络绎不绝的情景。

20 世纪初在丝路古道上发现的中国古代丝织物

和田丹丹乌里克古城遗址中关于蚕种西传的壁画。壁画讲述了远赴西域的中原公主，把蚕种藏在自己帽子里带到了西域，从此西域人才学会养蚕制丝。

文化的融汇

2014 年 6 月，第 38 届联合国教科文组织世界遗产委员会会议上，中国和哈萨克斯坦、吉尔吉斯斯坦联合申报的“丝绸之路：长安—天山廊道路网”顺利入选世界文化遗产名录，成为首例跨国合作、成功申遗的项目。

丝绸之路就像一条大动脉，连接了多种文明地带，展开了东西方之间持续而广泛的商贸、宗教、科技、文化等交流活动，其中突出的多元文化特征，促进了洲际间多种文明的协调和共同繁荣。

造纸术、印刷术、火药和指南针是中国举世闻名的四大发明，也是中国古代文明的重要标志，对整个人类社会发展起到了重大的促进作用。在这四大发明中，造纸术、印刷术、火药都是通过陆上丝绸之路传入西方的。

公元 2 世纪初，东汉宦官蔡伦（？—121）总结以前的造纸经验，利用树皮、麻布、渔网等废物制成植物纤维纸。随着丝绸之路的重新开通，中国纸成为西运物资中的重要商品。在新疆古楼兰遗址、尼雅遗址考古中，都发现了公元 2 世纪的古纸。到公元 5 世纪末期，中亚各地已经普遍使用纸作为书写材料，但依然没有自己的造纸业。直到公元 8 世纪，中国的造纸术才开始传入中亚地区。公元 751 年，唐朝与新兴的阿巴斯王朝在怛罗斯（今哈萨克斯坦江布尔）打了一仗，唐朝兵败，许多兵士被俘，其中就有不少造纸工匠。阿拉伯人将这些战俘沿着丝绸之路带回撒马尔罕，造纸术就这样被传播到世界各地。

最迟在公元 7 世纪，中国已经出现雕版印刷术。在敦煌、吐鲁番等地，都发现了当时用于雕版印刷的木刻板和部分纸制品，其中唐代的《金刚经》雕版残本至今仍保存于英国。这说明印刷术在唐代至少已传播至中亚。公元 13 世纪，不少欧洲旅行者沿丝绸之路来到中国，亲眼看见中国人用雕版和活字印刷图书、纸币等，于是他们将

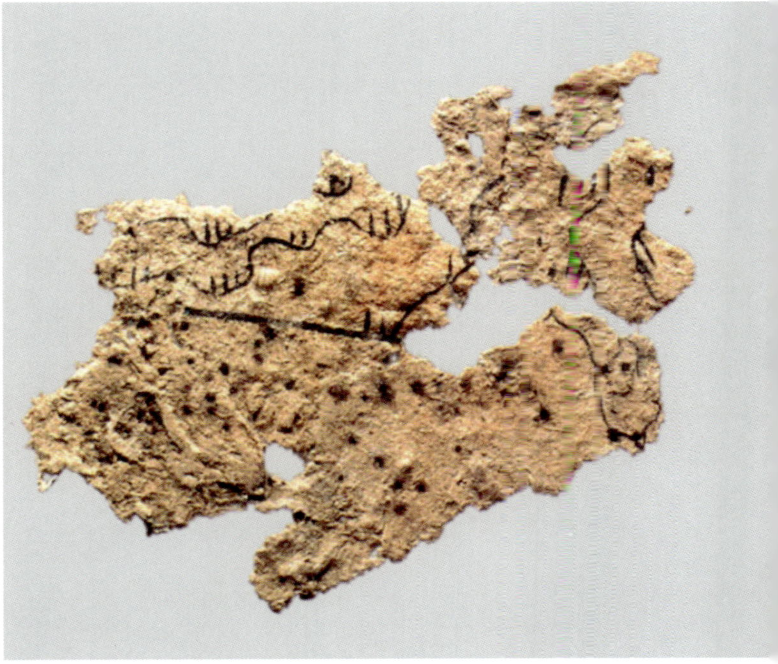

西汉麻纸地图，甘肃天水放马滩出土。

通过陆上和海上丝绸之路，中国古代发明远播四方，对世界文明的发展作出了重要贡献。

这种技术带回欧洲。14 世纪，欧洲开始使用雕版印刷；15 世纪中期，欧洲开始使用活字排印书籍；1466 年，欧洲的第一家印刷厂在意大利出现。这种便于文化传播的技术很快传遍了整个欧洲。

中国的造纸术和印刷术传入西方，对西方文化思想的传播和社会变革起到了不可低估的巨大作用。在中国文化西传的同时，亚洲其他国家和欧洲的文化也通过丝绸之路不断输入中国，并在中国人的文化生活中产生重要影响，其中以音乐、舞蹈、宗教最为突出。

早在张骞通西域时，印度、中亚等地的音乐就已传入中国。隋唐时期，中亚音乐更是深受中国人喜爱，唐代诗人王建（约 767—约 830）《凉州行》“城头山鸡鸣角角，洛阳家家学胡乐”的诗句，就反映了当时的这种社会风尚。唐代著名的《霓裳羽衣曲》，便是在吸收印度乐曲的基础上创造出来的。还有不少来自波斯和印度的乐器，如箜篌、琵琶等，也先后传入中国，并逐渐改进成为中国的传统乐器。

唐代舞蹈中的胡旋舞、胡腾舞、柘枝舞等，也都是从中亚传入的。由丝绸之路传入中国的乐曲歌舞，对中国西北少数民族乐舞艺术有着广泛的影响，也为整个中国艺术增添了绚丽的色彩。

公元 1 世纪前后，发源于印度的佛教沿着丝绸之路传入中国，并在随后的近两千年间与中国儒家、道家文化相互影响、相互融合，成为中国传统文化的重要组成部分，深刻地影响了中国文明进程。

丝绸之路也因此与佛教文化结下了不解之缘。沿着丝绸之路自西向东，从天山南北到河西走廊，再到关陇地区，大大小小的佛教石窟星罗棋布，年代上从东汉末年一直延续到明朝（1368—1644）。及至今天，在敦煌莫高窟、克孜尔千佛洞等，人们还可以从其佛教造像和壁画中感受到昔日佛教传播的盛况，以及中西艺术交融的光芒。

千百年间，中西文明的碰撞在丝绸之路上演绎，农耕文明与游牧文明之间相互融合、相互滋养，丝绸之路的历史在交流与融汇之间不断前行。

唐咸通九年（868）印刷的《金刚经》卷首插画

中国印刷术传入欧洲后，欧洲也迎来了文艺复兴的曙光。从 13 世纪末到 17 世纪，印刷术在文艺复兴时期起到了不可或缺的重要作用。图为欧洲文艺复兴时期的书籍。

唐三彩俑，骆驼上的人物系来自中亚的乐师和舞者。

由丝绸之路传入的异域音乐歌舞，为中国艺术增添了绚丽的色彩。

敦煌莫高窟壁画：反弹琵琶。琵琶最早是在南北朝时期（420—589）经由丝绸之路从印度传入中国的。

克孜尔千佛洞大约开凿于公元3纪，是中国开凿最早的大型石窟群。它位于新疆拜城县，属于龟兹古国的疆域范围。龟兹古国地处古丝绸之路上的交通要冲，曾经是西域地区政治、经济和文化的中心。佛教从印度先传入新疆，形成“西域佛教”后，再传入中原。龟兹的地理位置决定了它成为“西域佛教”的一个中心，也成为佛教传入中原的一个重要桥梁。

莫高窟坐落于丝路重镇敦煌，始凿于公元四世纪，有洞窟 735 个，壁画 4.5 万平方米，泥质彩塑 2415 尊，是世界上现存规模最大、内容最丰富的佛教艺术宝库。

丝路新颜
——路桥飞架连通八方

宋元时期，随着海上丝绸之路的兴起，陆上丝绸之路逐渐没落，海运价格优势让驼队的原始贩运方式销声匿迹，昔日繁华的古道淹没在漫漫流沙中。在古丝路沉寂数百年后，今天，一条全新的丝绸之路正在立体的架构中构建。

穿越沙海

杨一鸣是个资深驴友，2013 年，他和友人一起深入塔克拉玛干沙漠腹地，重走古丝绸之路。

在精选线路后，大家作了充分的准备，还特地改装了车辆，以便适应在沙漠中行驶。但他们很快发现，通往沙漠腹地不再像想象中那样遥远艰辛，因为环塔里木盆地早已建成了沙漠公路。

面积 33 万平方公里的塔克拉玛干沙漠是中国最大的沙漠，也是世界第二大流动沙漠。这里自古以来就是丝绸之路的中心，如今，有两条沙漠公路穿越这片曾被称为“死亡之海”的大漠。

塔克拉玛干沙漠公路是中国第一条沙漠公路，也是目前世界最长的贯穿流动沙漠的等级公路。公路主体采用“强基薄面”结构的施工工艺，防沙工程采用“芦苇栅栏”加“芦苇方格”等固沙技术，处于世界领先水平。整条公路长 562 公里，路面平整如镜，汽车时速一般都在 100 公里以上，最高可达 150—180 公里。

沙漠公路全线通车后，针对流动沙丘对公路的侵蚀，又对肖塘至民丰 436 公里的沙漠路段实施了公路防护绿化工程，种植各类耐盐性较强的防风固沙灌木 2000 万株，逐步替代了原来的防风固沙草方格和草栅栏。

依不拉音是新疆民丰县尼雅村的一名农民，除了管理自家的经济作物以外，每年春季到沙漠边缘地带和沙漠公路两旁植树成为老人几十年的习惯。“人不能总是靠天吃饭，向大自然索取。现在政府出资修建了沙漠公路，让我们的农产品能够直接销售到内地和中亚地区。2013 年我家种植的红枣、沙棘、核桃等还没有到采摘季节，就有客商前来收购，还预付了 30% 的定金，主要就是因为沙漠公路的开通让我们的产品能便捷地运到更多地方。”依不拉音用手抚摸着山羊胡，娓娓讲述着自己的致富经。“我每年都去义务植树，就是想告诫年轻一代，家园的美好是需要我们共同保护的。”

依不拉音生活的新疆，位于中国最西端，地处丝绸之路经济带“桥头堡”位置。如今，新疆已开通 17 个陆路边境口岸和 10 个二类口岸，与哈萨克斯坦、吉尔吉斯斯坦、塔吉克斯坦、巴基斯坦、蒙古等国家开通了百余条直达国际道路汽车客货运输线路。每天都有数千吨货物，包括大型机械设备、建材、果蔬、日用百货等，通过国际货运汽车从新疆进入中亚、西亚、南亚和欧洲的上百个城市；同时，也有源源不断的货物从境外进入新疆，再进一步进入中国内地。

古丝绸之路的驼铃声似乎仍在耳边回荡，一条连接亚欧大陆最直接的公路运输动脉——“中欧走廊”，已悄然揭开了她神秘的面纱。

按照规划，“欧洲西部—中国西部”交通走廊的东部起点是中国连云港，经郑州、兰州、乌鲁

塔克拉玛干沙漠是中国最大的沙漠，也是世界第二大流动沙漠。在维吾尔语中，塔克拉玛干意为“进去出不来的地方”。穿越这片“死亡之海”，曾是古代丝绸之路上最艰险的行程之一。如今，沙漠公路改变了一切。

塔克拉玛干沙漠公路

塔克拉玛干沙漠公路的防沙和绿化工程

木齐从中哈霍尔果斯口岸到达阿拉木图，穿越哈萨克斯坦的5个州后抵达俄罗斯城市奥伦堡、圣彼得堡，并与欧洲公路网相连接，总长约8445公里。

“欧洲西部—中国西部”交通走廊，把从哈中交界的中国西部地区到西欧的广阔地域连为一体，预计建成后可将海路运输的45天缩减为公路运输的11天，显著缩短亚欧大陆间的运输周期，促进欧洲和亚太国家商品进出口途径实现多元化。目前，中国、俄罗斯境内的路段已基本完工，哈萨克斯坦境内路段正在全力建设中。

道路联通，是丝绸之路经济带建设的重要内容之一。未来若干年，随着连接丝绸之路经济带沿线国家的多条交通干线的建成，一个横跨亚欧大陆的交通网络将会形成。这将进一步扩大丝绸之路经济带沿线国家双边及多边经贸合作，加快释放各国地缘优势，为繁荣地区经济注入新的活力。

连霍高速公路，东起江苏连云港，西至新疆霍尔果斯，穿越江苏、安徽、河南、陕西、甘肃和新疆六个省区，主干线长4395 公里。连霍高速将与“西欧—中国西部”国际公路连通，成为丝路经济带重要的国际货物运输大通道。

新疆红旗拉甫口岸，海拔高度 4700 米，是中国西部通往中东、南亚次大陆乃至欧洲的重要门户。

一辆从哈萨克斯坦方向开来的货车，正在通过中国界碑，驶向新疆阿拉山口口岸。

新疆吉木乃边贸口岸的俄罗斯货运车。

从新疆乌鲁木齐开往哈萨克斯坦卡拉干达的国际长途客车上，工作人员正在为哈萨克斯坦旅客检票。

在得知新疆将增开国际道路客货运输线路后，哈萨克斯坦康巴尼亚国际运输有限公司总经理瓦罗迪亚赶来乌鲁木齐，与新疆合作伙伴商谈扩大合作事宜。

2010年10月27日，俄罗斯“欧洲西部—中国西部”国际公路运输走廊 Shali 到 Sorochyi Gory 段建成通车。

贯通欧亚

依不拉音的孙女古力娜扎是和田至乌鲁木齐列车上的一名乘务员。2011 年和田至乌鲁木齐铁路的开通，让新疆南疆的居民除了乘坐汽车和飞机出行以外，更多了乘坐火车出行的选择。看着孙女穿着铁路制服的照片，依不拉音不禁想起了自己当年乘坐毛驴车前往迪化（今乌鲁木齐）的艰辛，时间长不说，沿途石子路颠簸，雨天泥泞难行，晴天尘土飞扬。儿子赛依提的境遇就好多了，每次前往乌鲁木齐都是乘坐汽车。妻子哈里旦这次去北京看病就更方便了，第一次乘坐飞机，那叫一个神奇，几个小时就到达了首都。

依不拉音的体会是丝绸之路沿线交通变化的一个缩影。更能全面体现这种变化的，是亚欧大陆桥。

亚欧大陆桥是指以横跨亚欧大陆的铁路运输系统为中间桥梁，把大陆两端的海洋连接起来，实现海陆联运的一种运输方式。由中国陇海和兰新铁路与哈萨克斯坦铁路接轨的第二亚欧大陆桥，又称新亚欧大陆桥，东起中国江苏连云港，向西经陇海铁路的徐州、商丘、开封、郑州、洛阳、西安、宝鸡、天水等站，兰新铁路的兰州、乌鲁木齐等站，经北疆铁路到达边境阿拉山口进入哈萨克斯坦，经俄罗斯、白俄罗斯、波兰、德国，最终到达荷兰鹿特丹港。这是目前亚欧大陆东西

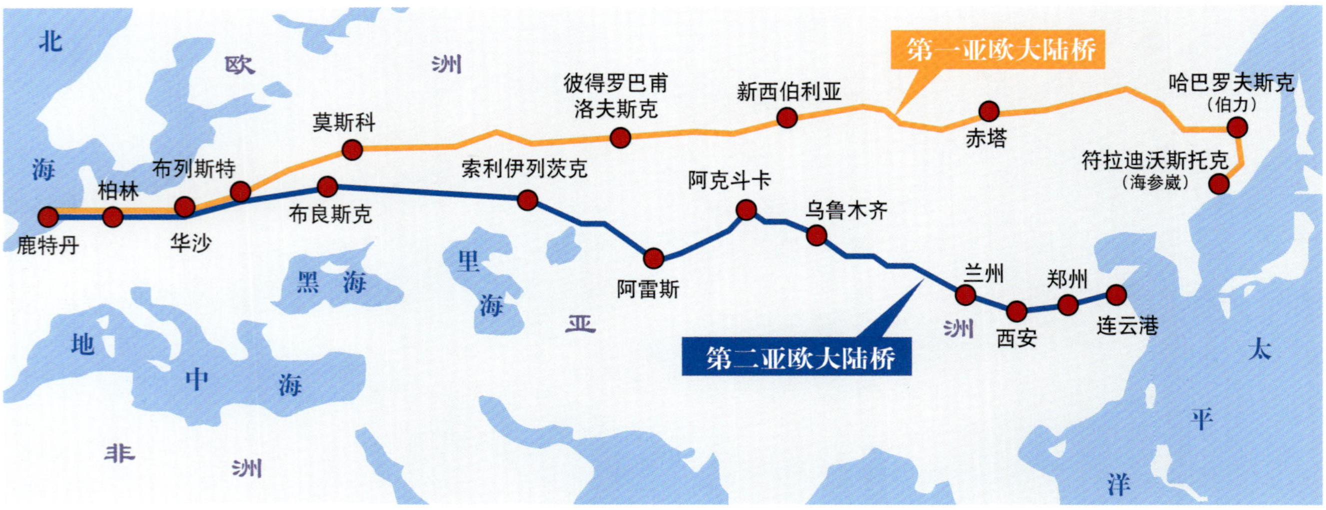

亚欧大陆桥示意图

兰新高铁连接甘肃兰州和新疆乌鲁木齐，全长 1776 公里，横贯中国西北甘肃、青海、新疆三省区。由于兰新高铁与古丝绸之路基本并行，因此也被誉为“丝路高铁”。兰新高铁是丝绸之路经济带的重要运输通道，也是中国首条在高原高海拔地区修建的高速铁路。

最为便捷的通道。

新亚欧大陆桥经阿拉山口出中国国境后，分为三条路径：第一条是北线，由哈萨克斯坦阿克套北上与西伯利亚大铁路接轨，经俄罗斯、白俄罗斯、波兰通往西欧及北欧诸国；第二条是中线，由哈萨克斯坦往俄罗斯、乌克兰、斯洛伐克、匈牙利、奥地利、瑞士、德国、法国至英吉利海峡港口转海运，或由哈萨克斯坦阿克套南下，沿吉尔吉斯斯坦边境经乌兹别克斯坦西行至土库曼斯坦克拉斯诺沃茨克，过里海达阿塞拜疆的巴库，再经格鲁吉亚第比利斯及波季港，越黑海至保加利亚的瓦尔纳，并经鲁塞进入罗马尼亚、匈牙利通往中欧诸国；第三条是南线，由土库曼斯坦阿什哈巴德向南入伊朗，至马什哈德折向西，经德黑兰、大不里士入土耳其，过博斯普鲁斯海峡，经保加利亚通往中欧、西欧及南欧诸国。

2011 年 3 月 19 日，一列满载中国重庆制造的电子产品的专列从重庆铁路西站出发，国内段经过西安、兰州、乌鲁木齐和阿拉山口，国际段经过哈萨克斯坦、俄罗斯、白俄罗斯、波兰，最后到达目的地德国杜伊斯堡。这标志着第三亚欧大陆桥——“渝新欧”（重庆—新疆—欧洲）正式运行。“渝新欧”全程 11179 公里，是一条由沿途六个国家铁路、海关部门共同协调建立的铁路运输通道。它成功解决了沿途各国的通关问题，实现了一次报关、一次查验、全线放行的便捷通关模式，破解了宽窄轨换装、国际“五定”班列（定起点终点、定运行路线、定运行时间、定运输内容和定运输价格）等难题。全程平均运行时间 16 天左右，比海运从重庆到欧洲节约 20 天。

2012 年这条国际大通道继续西进，从德国的杜伊斯堡西延至比利时的安德卫普——整整延长 202 公里，将欧盟总部所在国比利时与重庆直接相连。

阿拉山口口岸位于新疆博尔塔拉蒙古自治州境内，是新亚欧大陆桥中国段的西端桥头堡，也是中国西部地区唯一的铁路、公路并举的国家一类口岸。

从2009年开始，惠普、宏碁、华硕三大品牌笔记本电脑出口制造基地先后落户重庆，其后富士康等六家台湾代工企业及300多家零部件企业落户重庆，重庆形成了“3+6+300”的笔记本电脑产业集群。重庆生产的笔记本电脑约有一半销往欧洲市场，“渝新欧”国际联运的开通，无疑是重庆IT制造业的福音。

通过“渝新欧”受益的绝不仅仅是重庆。由于在运输时间和运输成本上的优势，“渝新欧”铁路已受到越来越多国家的重视。中国与“渝新欧”沿线各国之间的贸易，也会因为这条铁路获得更好的发展。

2013年10月至2014年3月，“汉新欧”（武汉—新疆—欧洲）、“郑新欧”（郑州—新疆—欧洲）、“蓉新欧”（成都—新疆—欧洲）、“义新欧”（义乌—新疆—欧洲）等分别开启，丝路沿线的中国各省市将自己的产业重点与亚欧路桥的联运紧密相联，实现了产品从产地到市场的无缝衔接，缩短了运输时间，降低了运输成本，使陆上丝路具有了与海上丝路同样的优势。

目前，中国还在与中亚等国商议将中国与西欧连接起来的高速铁路项目。初步计划是，该高铁从乌鲁木齐出发，经由哈萨克斯坦、乌兹别克斯坦等国，最终到达德国。建成之后，旅客从伦敦上车，48小时内就能抵达北京。

航空运输是丝路立体运输的重要补充。每年

圣诞节前的货运包机是中亚客商最喜欢的运输方式。哈萨克斯坦客商赛依提每年 11 月底都会将在中国内地采购的圣诞节用鲜花、热带水果空运到阿拉木图，再根据自己的分销网络将其批发到中亚其他国家市场。忆起原先通过汽车运送现货产品的经历，那叫一个惊险。由于陆路运输的不可预知性，玫瑰、康乃馨、香水百合等鲜花经常在路途中就枯萎了，霎时损失的情况时有发生。自 2009 年以来，赛依提和朋友通过货运包机将中国内地的鲜花、水果、蔬菜、海产品等高附加值货物运往中亚市场。虽然运价偏高，但是空运的快捷性使赛依提的商品抢占了商机，为他赚取了不少利润。赛依提的儿子现在子承父业，在乌兹别克斯坦开了一家大型批发商场，专门经营来自中国的鲜活农副产品。

丝绸之路经济带战略提出后，丝路沿线的中国多个省区，如陕西、河南、宁夏、新疆等，都相继开通了更多连通中亚、西亚、南亚和欧洲重要经济贸易城市的国际航线。来自俄罗斯、哈萨克斯坦、吉尔吉斯斯坦、塔吉克斯坦、阿富汗、乌兹别克斯坦等国的多家航空公司也纷纷表示，将以乌鲁木齐为基地，在丝带沿线的西安、郑州、成都、武汉、义乌等地开设办事处。

立体运输的格局打破了传统的丝路运输模式。古老的丝路不再扬起驼队过后漫天的烟尘，新的丝绸之路将以全新的面貌，架构于天地之间。

重庆铁路西站，“渝新欧”国际铁路联运五定货运班列准备驶出。

哈萨克斯坦多斯托克口岸，距离中国阿拉山口口岸仅 12 公里。因为哈萨克斯坦、俄罗斯和白俄罗斯三个国家火车轨道要比国际标准宽 85 毫米，‘渝新欧”班列上的集装箱需在此换装到宽轨列车上，经过俄罗斯、白俄罗斯后，再换成适合国际标准轨的列车，驶往目的地德国。图为多斯托克口岸铁路站换装场。

德国当地时间 2013 年 9 月 10 日，当年第 23 列“渝新欧”班列和“渝新欧国际铁路媒体特别行动”采访团抵达德国杜伊斯堡。杜伊斯堡市为此举行了热烈的欢迎仪式，市长林克在致辞中说，杜伊斯堡作为“渝新欧”的终点，已经从这条线路获利。

2013 年 11 月 28 日，中国陕西西安至哈萨克斯坦阿拉木图的 80807 次国际货运班列从西安新筑车站发车。中哈国际货运班列开通，将成为中国中东部地区通往中亚最便捷的货运通道，对构建丝绸之路经济带、打通亚欧经济动脉具有重要意义。

2014 年 1 月 20 日，“义新欧”（义乌 – 中亚五国）国际集装箱专列在浙江义乌西站举行首发仪式。此趟集装箱专列从义乌出发开往哈萨克斯坦阿拉木图，再分拨至哈萨克斯坦、乌兹别克斯坦、吉尔吉斯斯坦、土库曼斯坦和塔吉克斯坦等国。

2014 年 10 月 30 日，湖南首条直达欧洲的国际铁路货运班列——“湘欧快线”双线首发。两列满载湖南产品的国际货运列车，从长沙启程，分别驶向德国杜伊斯堡和乌兹别克斯坦塔什干。

新疆乌鲁木齐机场，一架飞机正在装载货物。随着丝绸之路经济带建设的推进，航空运输成为丝路立体运输格局的重要组成部分。

丝路经济
——互通互联沿线共赢

千百年来，古丝路经济延续的是同一种方式，即惠及丝路沿线百姓的物物交换和贸易。丝路沿线经济的发展自古就是相互合作谋求共赢的。在 21 世纪的今天，团结互信、平等合作、包容互鉴、合作共赢，依然是丝绸之路经济带建设成功的基本保证。

贸易发展

历史上，丝绸之路是起始于古代中国的政治、经济、文化中心——古都长安的古代贸易路线和陆路商业通道。它跨越陇山山脉，穿过河西走廊，通过玉门关和阳关，抵达新疆，沿绿洲和帕米尔高原通过中亚、西亚，最终抵达非洲和欧洲。

丝绸之路经济带是在古代丝绸之路概念基础上形成的当代经贸合作升级版，被认为是世界上最长、最具有发展潜力的经济大走廊。这一宏伟构想将让古丝路贸易在现代得以传承，让丝路重新展现勃勃生机。专家学者认为，以中国作为丝绸之路经济带的东端起点，向西丝绸之路经济带可以划分为三大层段：[1]

中亚经济带

中亚毗邻中国西部地区，是中国与欧洲的连接地带，重要的地理位置奠定了中亚各国在丝绸之路经济带构建过程中的重要地位。

中国与中亚有边界相邻的地缘优势，有跨界民族民间贸易的基础，有上合组织机制架构的保障，在近20年的贸易实践中，中国商品在中亚市场了赢得了不同阶层的认同。

中国已成为中亚国家最主要的贸易伙伴。截至2012年末，中国已成为哈萨克斯坦、土库曼斯坦第一大贸易伙伴，乌兹别克斯坦、吉尔吉斯斯坦第二大贸易伙伴。

自1992年中国与中亚五国建交以来，中国与中亚国家经贸合作取得了快速发展。据统计，建交之初中国与五国的贸易总额仅为4.6亿美元，2001年上海合作组织成立以后，双边贸易额保持快速增长态势，2012年中国同中亚国家贸易额已高达460亿美元，20年间增长了100倍。

据中国海关统计，2013年中国与乌兹别克斯坦双边贸易额45.32亿美元，同比增长57.62%。从进出口商品结构上看，中方对乌出口主要商品为推土机、筑路机、平地机、铲运机、空调等，自乌进口主要商品为天然气、棉花、天然铀等。

2013年中国与塔吉克斯坦双边贸易额19.59亿美元，同比增长5.47%。中方主要出口机电、机械设备、建筑材料以及纺织等各类轻工日用产品，自塔主要进口矿产品、棉花、生皮及皮革等。

2012年中国与吉尔吉斯斯坦双边贸易额51.62亿美元，同比增长3.7%。中吉双边贸易规模不断扩大的同时，贸易商品结构逐步改善，逐渐由传统的日用消费品、服装及其他纺织品等低附加值的中低档工业加工品向机械设备、电子产品、家电等高附加值、高技术含量的工业产品转化。

[1] 胡鞍钢、马伟、鄢一龙《丝绸之路经济带战略内涵、定位和实现途径》，《新疆师范大学学报》2014年4月。

2012 年 10 月 30 日，中亚区域经济合作 (CAREC) 第 11 次部长会议在中国武汉举行。

2014 年 9 月，第四届中国—亚欧博览会在新疆乌鲁木齐市举行。中国—亚欧博览会的前身是中国乌鲁木齐对外经济贸易洽谈会，是中国唯一面向中西南亚和俄罗斯等国家和地区的国际性经济贸易洽谈展会。

2013 年中国与中亚国家的贸易情况（单位：亿美元）

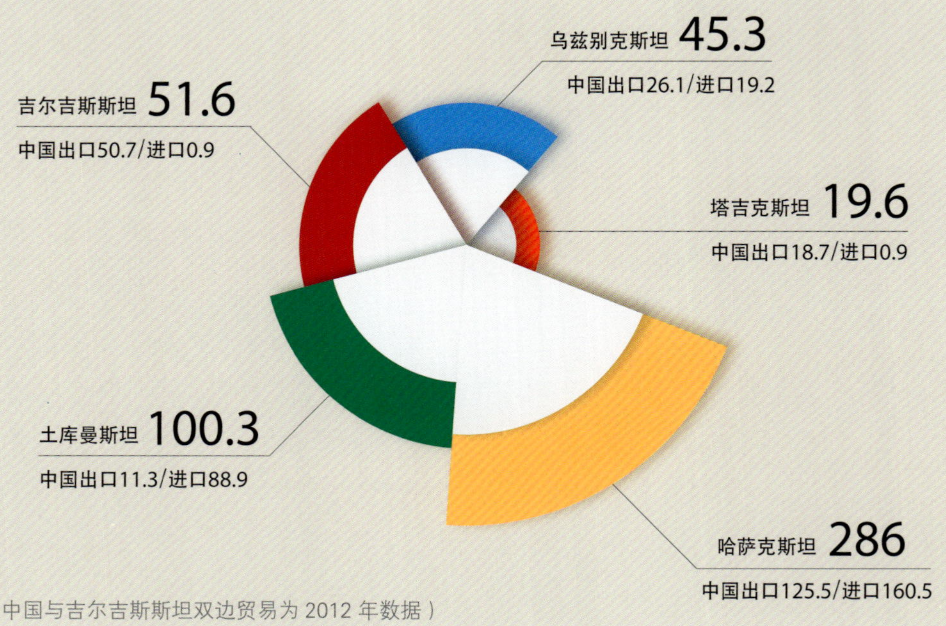

数据来源：中国海关（中国与吉尔吉斯斯坦双边贸易为 2012 年数据）

一方面，中国出口商品种类增多，出口商品层次提升。另一方面，近年吉尔吉斯斯坦主要的资源性矿产品出口有所下降，农副产品及其初级加工品出口增加，且增长幅度较大。

2013 年中国与土库曼斯坦双边贸易额 100.3 亿美元，同比下降 3.3%。中方主要向土出口铁路设备、机械、电器、黑色金属、化纤、鞋和服装等，自土进口天然气、生丝、棉布、棉纱、皮毛和甘草等。

2013 年中国与哈萨克斯坦双边贸易额 286 亿美元，同比增长 11.4%。中方主要向哈出口机电产品、服装、鞋类等，主要自哈进口铜及铜材、钢材、原油等。

环中亚经济带

环中亚经济带，涵盖中亚、俄罗斯、南亚和西亚，包括俄罗斯、阿富汗、印度、巴基斯坦、伊朗、阿塞拜疆、亚美尼亚、格鲁吉亚、土耳其、沙特、伊拉克等以及上述中亚地区。环中亚经济带是丝绸之路经济带的重要区。该地区地处亚欧大陆中心区域，也是丝绸之路经济带的中间地段，对于打造亚欧陆路大通道具有十分重要的战略意义。

近年来，中国与环中亚经济带国家的经济联系不断加强，经济相互依赖度提高，贸易额进一步增长，合作共赢、共同发展成为中国与上述国家的共同选择。这为建设丝绸之路经济带提供了加速剂。

中国已与环中亚经济带国家建立起良好的贸易、投资、能源与矿产资源合作关系。来自中亚、南亚、阿拉伯国家的天然气、石油等，对于确保中国能源安全意义重大；中亚、南亚、俄罗斯、乌克兰的粮食、棉花、矿产品、皮毛等，极大地丰富了中国的商品市场，推动了中国经济的全球化进程。目前，中国在中亚、南亚、阿拉伯国家等经济合作伙伴中的地位日益突出，合作效益显著，这些都是双边经济合作具体成果的充分体现。随着丝绸之路经济带架构不断具体化，中国与环中亚经济带国家间经济的互补性、同构性不断增

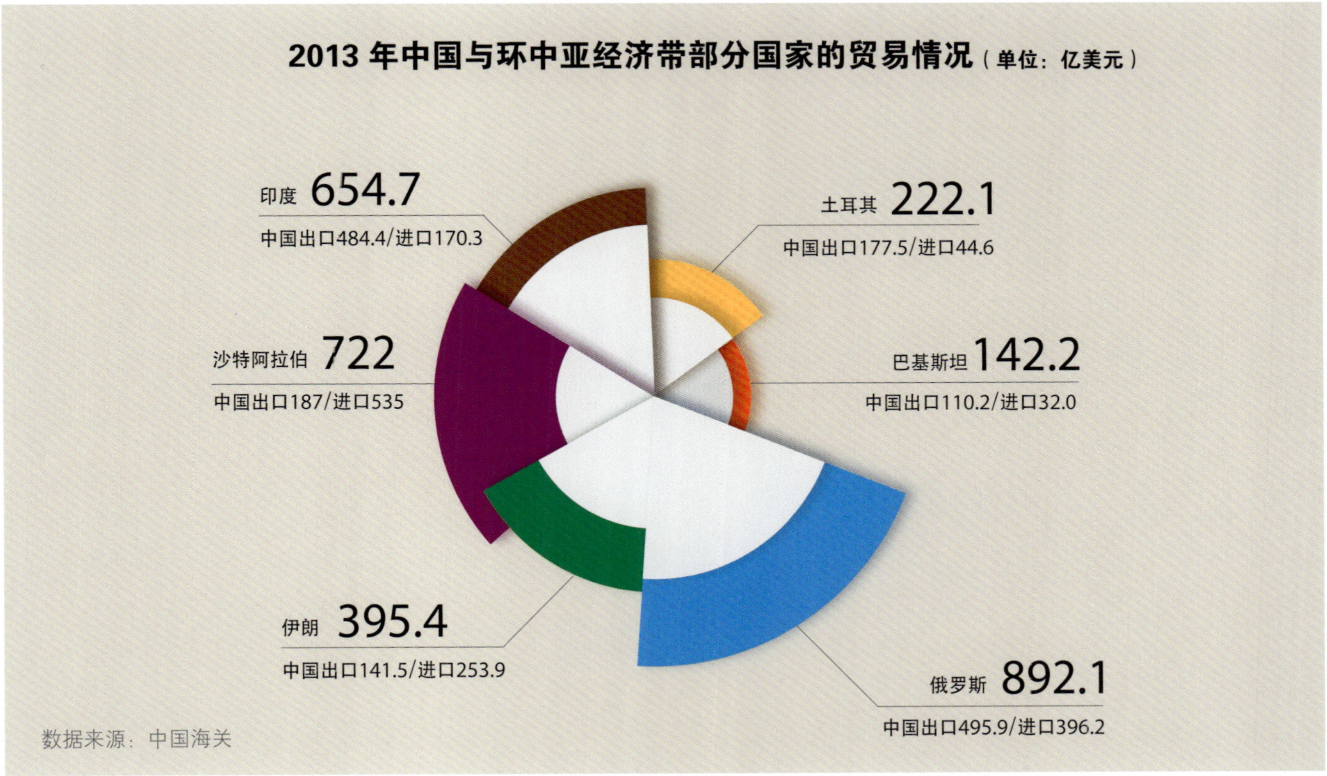

强，经济合作与互利共赢将奠定双方坚实的经贸基础，为未来不断拓展经济合作空间提供可能。

据中国海关统计，2013 年中国和俄罗斯双边贸易总额 892.1 亿美元，同比增长 1.1%。中国已成为俄罗斯第一大贸易伙伴。中国对俄罗斯出口产品主要是电脑及其配件、通信设备、毛皮制品、鞋类、服装、家用电器、机动车辆及其零配件、钢铁产品等，俄罗斯向中国出口的产品主要是能源资源产品、水产品、化工产品、机械产品等。

2013 年中国与土耳其双边贸易额 222.12 亿美元，同比增长 16.32%。交通、电力、冶金、电信是双方合作的重点。

2013 年中国与伊朗双边贸易额 395.42 亿美元，同比增长 8.4%。中国对伊朗出口以机电、纺织、化工、钢铁制品等为主，从伊主要进口原油、矿石、初级塑材、钢材和农副产品等。

2013 年中国和沙特阿拉伯双边贸易额 722 亿美元，同比下降 1.5%。沙特阿拉伯是中国在西亚非洲地区第一大贸易伙伴。中方从沙进口主要商品为原油、石化产品等，出口主要商品为机电产品、钢材、服装等。

2013 年中国和巴基斯坦双边贸易额 142.2 亿美元，同比增长 14.7%。中国对巴出口主要集中在机械、家电、服装和化工制品等领域。巴基斯坦对华出口增幅最大的主要集中在纺织品、蔬菜干果、矿物原料和皮革制品等领域。

2013 年中国和印度双边贸易额 654.71 亿美元，同比下降 1.5%。中国对印度主要出口商品有机电产品、化工产品、纺织品、塑料及橡胶、陶瓷及玻璃制品等。中国自印度主要进口商品有铁矿砂、铬矿石、宝石及贵金属、植物油、纺织品等。

亚欧经济带

亚欧经济带是丝绸之路经济带的拓展区。该地区覆盖了亚欧大陆主要国家和地区，是丝绸之路经济带完全版图区，包括欧洲德国、法国、英国、意大利、乌克兰等地区，北非埃及、利比亚、阿尔及利亚等地区，以及上述环中亚地区。

其中，欧洲段作为丝绸之路经济带的西端，

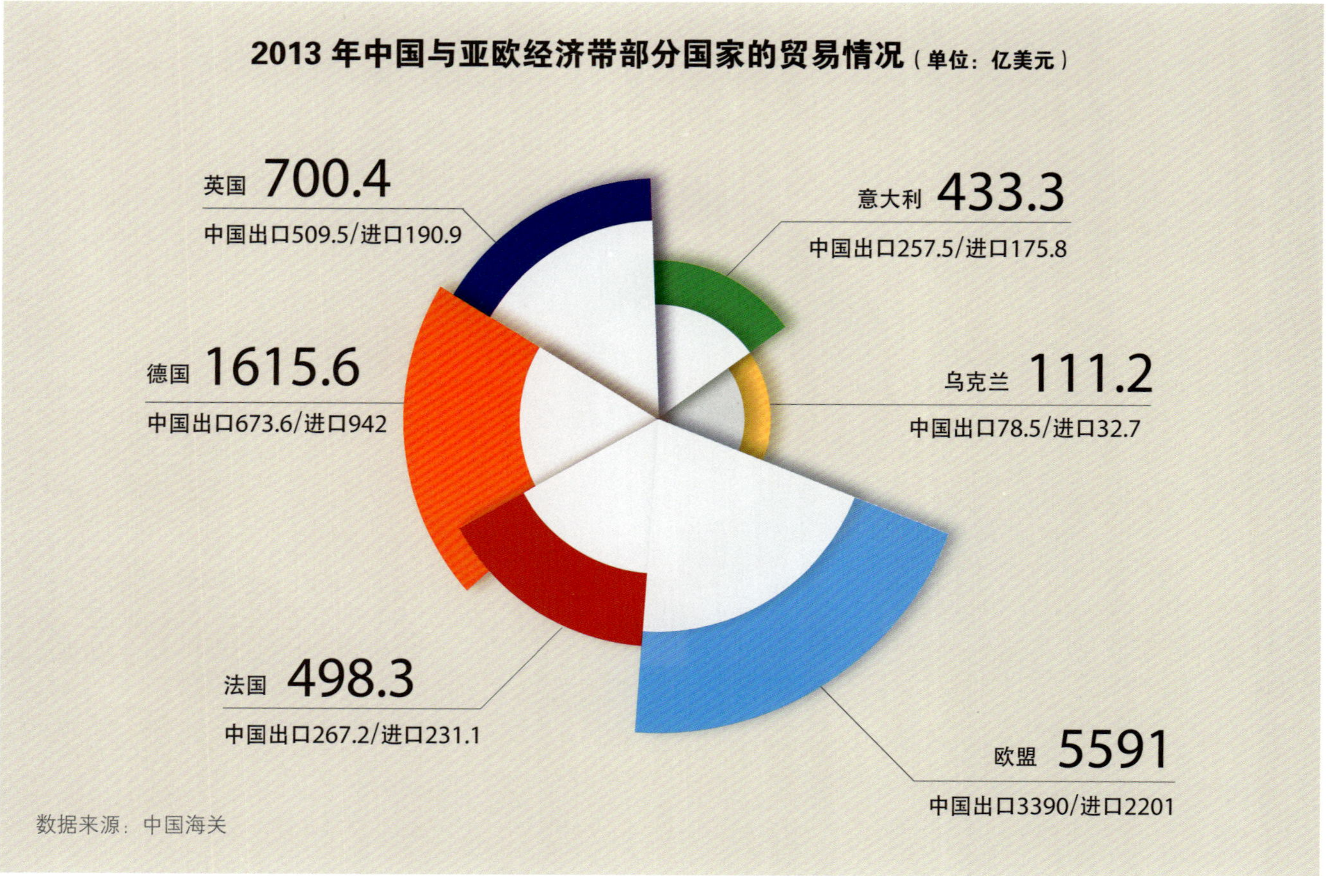

经济整体繁荣稳定，经济发展水平高，对外贸易活跃，尤其是西欧地区经济高度发达，是世界经济最集聚的地区之一。自 2004 年以来，欧盟连续十年成为中国第一大贸易伙伴，双方在经济社会、科学技术、文化教育领域交流不断深化。据中国海关统计，2013 年中欧双边贸易额达 5591 亿美元，同比增加 2.1%。欧盟是 2013 年中国第一大贸易伙伴和第一大进口市场；中国是欧盟第一大进口市场和第二大贸易伙伴。

中国一直凭借劳动力和资源优势承接欧盟的出口加工订单，并进口工业化所需的机电产品及零部件。自建设丝绸之路经济带战略提出以来，中国沿丝带省份从自身特点出发，制定了一系列推进对外贸易发展的政策。在丝绸之路经济带拓展区，最大的实践者是“渝新欧”国际联运大通道的开启。截至 2014 年 9 月，“渝新欧”国际铁路联运大通道已开行 160 趟，货值超过 10 亿美元。继“渝新欧”后，2013 年“汉新欧”“郑新欧”“蓉新欧”“义新欧”等陆续开通，中欧贸易物流将更加便捷。

古丝绸之路上往来的主要是丝绸、茶叶、瓷器、香料、珠宝、药材等少数商品，今天丝绸之路上进行贸易的商品品种和数量早已不可同日而语。过去十年，中国与丝绸之路经济带沿线国家贸易额年均增长 21%，高于同期中国外贸总体增速 6 个百分点，占中国对外贸易总额的比重从 9% 提高到 14%。2013 年，中国与丝绸之路经济带陆路沿线国家合计进出口贸易总额 6000 多亿美元，占中国对外贸易总量的 15% 左右。

丝绸之路绘制出古代人们对经济合作的浓厚兴趣，也谱写着东西方互联互通的原始画卷。今天，建设丝绸之路经济带战略的实施，将惠及沿线各国、各族民众的需求，真正推动亚欧大陆的重新复兴。

新疆吉木乃口岸边民互市，吉木乃口岸是中国与哈萨克斯坦的边境口岸。

新疆霍尔果斯农副产品出口中心，来自中亚国家的水果采购商正在查看水果保鲜情况。

新疆是亚洲最大的番茄生产和加工基地，生产的番茄酱等产品畅销中亚、俄罗斯等国家和地区。

新疆阿拉山口口岸，等待起运出口至中亚国家的中国汽车。

新疆海关工作人员正在检查出入境货品

在全球最大的小商品批发市场——浙江义乌国际商贸城，来自俄罗斯的客商正在采购中国商品。

中国企业向哈萨克斯坦出口的高 44 米的混凝土泵车

2013 年 11 月 29 日，世界最大货运飞机安 -225 在河北石家庄机场装运由中国北车集团研制的“祥龙号”有轨电车，启运飞往土耳其。这是中国具有自主知识产权的有轨电车产品首次登陆欧洲市场。

ANTONOV
DESIGN BUREAU
INTERNATIONAL CARGO
TRANSPORTER
Phone:+38(044)454-28-60
Fax:+38(044)454-28-52
E-mail:sales@antonov.kiev.ua
INTERNATIONAL CARGO
TRANSPORTER
МРІЯ
SBB 55-019

吉尔吉斯斯坦首都比什凯克的中海市场内，当地民众正在选购来自中国的箱包产品。该市场集中经营中国制造的服装鞋帽、箱包、电子产品、玻璃器皿、装修材料等，是中亚地区重要的商品集散地之一。

吉尔吉斯斯坦南部重要城市奥什市的北京商城内，当地民众正在选购中国制造的家电产品。

中国—亚欧博览会上，伊朗客商展示该国生产的地毯。

2013 年 8 月，土耳其第一男装品牌 KIGILI 首家中国旗舰店在广州开张，并计划未来 5 年在中国开设 1000 家分店。

新疆伊宁·中亚国际进出口商品交易会上，哈萨克斯坦最大的食品制造商展示他们生产的食品。

巴基斯坦商人阿巴斯在新疆喀什经营一家商店，他正向中国顾客介绍店里的巴基斯坦商品。

投资互利

俄罗斯商人维克多在上海开办了一家咨询公司。随着中国与俄罗斯贸易和人员交往的频繁，前往俄罗斯商务、旅游、留学、投资的中国人越来越多，维克多的公司就是专为中国人在俄罗斯投资经商提供咨询服务的。“俄罗斯商机较多，与中国的贸易互补性较强，但是中国一些经商人员对俄罗斯的法律法规了解不足，造成盲目跟风投资，使一些企业遭受了损失。我的公司主要就是帮助中国人去俄罗斯投资，了解俄罗斯的税收、金融等法律政策，更好地实现利润最大化。之所以将公司选在上海，是因为上海是中国的金融中心，许多俄罗斯大型企业在上海开设分支机构，为这些俄罗斯公司服务也是我未来的计划。”维克多对自己的公司信心满满，“我们现在也从事一些中亚国家的贸易投资咨询工作，俄罗斯与中亚国家有许多贸易契合点，特别是中亚国家的一

“吉尔吉斯斯坦的商业机会”推介会在新疆乌鲁木齐举行。

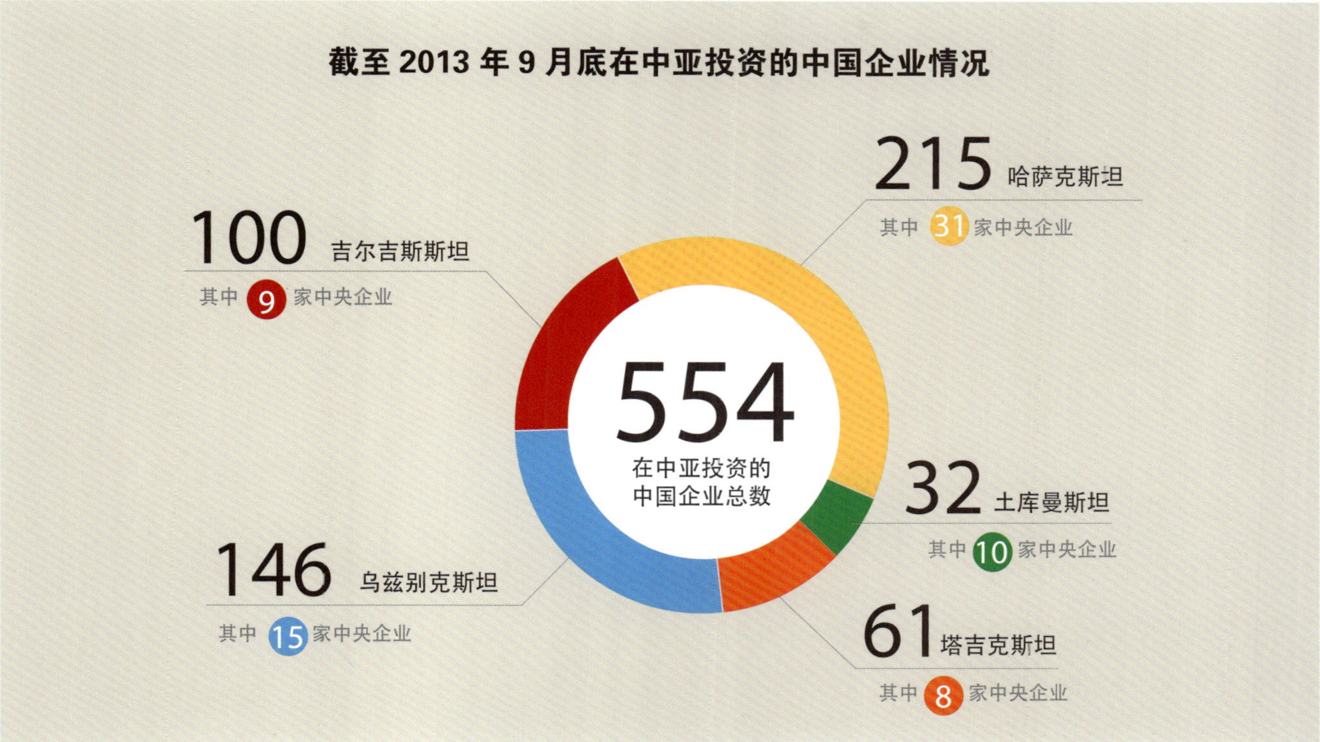

些计量和食品标准与俄罗斯相同，所以我们的咨询工作也拓展到中亚国家。特别是 2013 年 10 月之后，到公司咨询的人特别多，因为在丝绸之路经济带框架下，更多中国企业看到了在中亚、俄罗斯投资的商机，我的公司生意也越来越红火。”

正如维克多所说，丝绸之路经济带沿线的俄罗斯、中亚等国家和地区，正在成为中国对外投资的新热点。

投资合作是丝绸之路经济带合作的重要内容，加强投资合作有助于弥补各国在发展中的资金缺口，有助于更加广泛地动员各国潜在的生产要素，有助于促进新的技术、管理和商业模式在各国之间更好、更快地传播和分享，有助于形成推动经济增长新动力。

过去十年，中国企业对丝绸之路沿线国家直接投资额从 1.8 亿美元扩大到 86 亿美元，年均增长 54%。在丝绸之路经济带的共同建设中，中国将进一步引导轻工、纺织、建材等传统产业和装备制造业、高新技术产业到经济带沿线国家投资建厂，在拓展发展空间的同时，帮助经济带沿线国家增加就业和税收，提升工业化水平。

以中国企业在中亚的投资合作为例。当前中国企业在中亚投资主体主要是中央企业，其投资占中国企业在中亚地区投资总额的 50% 以上。

中国企业对中亚国家投资的领域主要有：矿产资源开发和加工、轻纺产品加工、食品生产、民用品工业、建筑建材行业、农产品加工、信息通信业等。

由于中亚各国经济发展水平和政策体制上的差异，中国对中亚各国的投资在方式上也存在较大不同：对哈萨克斯坦的投资主要以直接投资为主；对乌兹别克斯坦的投资主要以对乌提供的政府贷款为主，直接投资规模较小；对吉尔吉斯斯坦的投资主要是直接投资和无偿援助；对塔吉克斯坦的投资以提供援助为主。自建立外交关系以来，中国向塔提供援助共计 4.045 亿元人民币（不包括向上海合作组织成员国提供的优惠买方信贷），绝大部分表现为不附带任何条件的无偿援助，只有一小部分是无息贷款，用于提供人道援助、发展农业技术、修筑隧道，以及官员、技术人员

新疆特变电工股份有限公司与塔吉克斯坦电力部签订塔国 220-500kV 输变电成套项目工程合同。

培训等项目。

据中方统计，截至 2013 年 6 月，中国在哈萨克斯坦各类投资已达 194.3 亿美元，中方在哈开展的油气管道、铀矿开发、电解铝厂、水电站以及霍尔果斯国际边境合作中心等大型合作项目顺利实施。

截至 2013 年 6 月，中国对土库曼斯坦各类投资总额近 33 亿美元，承包工程累计完成营业额 61.3 亿美元，双方在交通、通信、纺织、铁路设备、市政、基础设施建设、金融等领域开展了积极合作。

中国对吉尔吉斯斯坦直接投资规模逐步扩大，截至 2013 年 6 月，中国对吉投资额近 7.9 亿美元。按吉方统计，2012 年中国成为吉第二大直接投资来源国，中国对吉直接投资占吉当年吸引外国直接投资总额的 22%。双方在交通、电力、矿产资源开发、电信等领域合作已初具规模，为吉发展经济、改善民生发挥了重要作用。

截至 2013 年 6 月，中国对乌兹别克斯坦各类投资逾 5 亿美元，在乌累计完成工程承包营业额 30.99 亿美元。中方企业在乌实施了昆格勒碱厂、德赫卡纳巴德钾肥厂二期、安格连电站改造、鹏盛工业园等一批重点项目。双方在能源、交通、

2014 年 9 月，中俄投资合作委员会第一次会议在北京举行。

通信、机电等领域的合作已成为两国务实合作的新亮点。

更多丝路沿线国家正在积极参与丝绸之路经济带建设。例如蒙古国，2014 年中国国家主席习近平访问蒙古国后，在丝绸之路框架下中国与蒙古的投资合作渐入佳境。目前中国在蒙注册企业将近 6000 家，占蒙古外资企业总数的 49.11%，涉及矿产资源开发、基础设施建设、畜产品加工等行业。中国已连续多年保持蒙古国第一大贸易伙伴和第一大投资国地位。

丝绸之路经济带的投资合作是多向的。互利共赢是丝绸之路经济带建设和发展遵循的基本原则，是凝聚合作共识的前提和基础，是合作得以持续推进的重要保障。中国积极为其他国家的企业来华投资创造环境，切实保护在华投资者的合法权益。目前，来华投资的国家和地区超过 190 个，在华外资企业数量已超过 28.5 万家，世界 500 强跨国公司中已有 480 多家在华投资或开展经营活动。中国吸收外资已连续 20 多年位居发展中国家首位。2013 年，中国新设立外商投资企业 2273 家，实际使用外商直接投资金额 1176 亿美元，同比增长 5.3%。

新疆特变电工承建的塔吉克斯坦胡占德变电站，自 2009 年 11 月投运以来，极大促进了塔吉克斯坦北部的经济发展。

由中国企业承建的哈特隆隧道，是塔吉克斯坦南北公路交通的重要干线道路，对促进塔吉克斯坦南北交流和国民经济发展具有重要意义。

中国企业在哈萨克斯坦承建的水泥厂

出发前往哈萨克斯坦从事建筑工作的中国建筑工人。凭借良好的施工质量和工程进度，中国建筑企业在中亚国家的业务不断发展。

吉尔吉斯斯坦，中国筑路工程队正在援建世行贷款项目比什凯克通往伊塞克湖州的高速公路。

2010 年 4 月，由中国和俄罗斯企业共同投资的中俄直升机技术（青岛）有限公司在中国青岛落户，图为奠基现场。

哈萨克斯坦专家在中国广西考察由中哈两国共同投资合作的北海铁山港油气储备库及配套港口码头项目建设情况。

金融合作

过去十年，中国与丝绸之路经济带沿线国家贸易额年均增长21%，中国企业对沿线国家直接投资额年均增长54%。中国与丝绸之路经济带沿线国家经济往来取得的丰硕成果，离不开金融的支持。

近年来，中国坚持互利共赢，在货币互换、境外人民币贷款等方面先后“破冰”，摸索出一条符合丝绸之路经济带沿线国家与中国实际的金融合作路径，为这条亚欧经济走廊建设提供了重要支撑。

2003年中国人民银行与吉尔吉斯斯坦中央银行签署以双方货币作为支付结算的协定。2005年中国人民银行与哈萨克斯坦央行签署以双方货币作为边境贸易支付结算的协定。2009年初，中国出台《跨境贸易人民币结算试点管理办法》，正式启动跨境人民币结算业务。同年11月上海合作组织成员国召开首届央行和财政部长会议，积极探讨地区融资领域合作方式。2010年6月，新疆成为全国第二批跨境贸易人民币结算试点省区，2010年9 月又成为全国第一个获准开展跨境直接投资人民币结算的试点省区，为中国与中亚国家的经贸往来提供金融便利。2011年，中国人民银行和乌兹别克斯坦央行签署7亿元的双边本币互换协议，与哈萨克斯坦央行签署70亿元的双边本币互换协议。这些协定的签署，为人民币在中亚国家跨境结算业务的开展奠定了良好的基础。

人民币跨境结算的便利性已经初步显现。以往中国与周边国家贸易结算过程过于依赖美元和欧元，现在从事进出口的企业可直接用人民币结算，给贸易带来了极大的便利。

耶斯堡在新疆霍尔果斯口岸从事边境小额贸易，以往的生意都是用美元结算。每单生意都需要1–2个月的周期，先与哈萨克斯坦客户签订合同，预付50%的定金，之后耶斯堡向中国内地厂家采购货物，然后发运到阿拉木图，等哈方客户收到货物后，再将余款支付给耶斯堡。这期间耶斯堡要承担汇兑的损失。由于2010年以来人民币兑换美元持续升值，有时一单生意的利润会直线下降。自从跨境出口生意可以直接用人民币结算，耶斯堡再也不用担心汇兑的损失了。

俄罗斯客商谢尔盖到中国采购货物，无需携带美元，只要到银行用卢布就可以直接兑换人民币了。在这几年的生意中，谢尔盖直接用人民币结算，避免了人民币升值带来的汇兑风险，也给他的生意伙伴带来了极大的方便。通过这几年经营圣诞用品批发，谢尔盖的公司初具规模，现在他准备转行开设一家专门从事冬季到中国海南旅游的公司。“海南对外国旅游者有极高的免税政策支持。而且俄罗斯冬季漫长，在传统的圣诞假期，俄罗斯人喜欢到海边度假旅游，海南三亚是俄罗斯人十分喜爱的度假地。现在人民币与卢布可以

2009 年 7 月 6 日，中国跨境贸易人民币结算试点业务在上海成功完成首笔交易。

2013 年 9 月，由中国人民银行主办的第二届金融合作与发展论坛在新疆乌鲁木齐开幕。当日还举行了金融合作项目签约仪式，签约项目涉及对外金融合作、跨境人民币创新试点业务等。

中国国家开发银行大厦

直接结算，对到中国旅游的人来说，是极其方便的。”谢尔盖对自己未来的规划充满信心。

中国在上海合作组织框架下以及丝路经济带体系内，给周边国家提供优买贷款，这种形式极大地带动了中国与周边国家的金融合作。

作为中国海外业务最大的银行，中国国家开发银行于2005年向中亚派驻了第一个工作组，目前已实现中亚五国全覆盖。2009年6月，中国国家开发银行对吉尔吉斯RSK银行授信1300万元人民币，完成了首笔中亚人民币贷款业务。截至2013年6月，该行在俄罗斯和中亚地区的贷款余额达491亿美元，涉及能源、电力、交通、通信等多个领域。

在七成土地为山地的塔吉克斯坦，中国国家开发银行先后向其国民银行和储蓄银行发放贷款，支持农业及南部山区微贷款，受到当地政府和农民欢迎。

融资难是制约乌兹别克斯坦中小企业发展的最大瓶颈。为此，中国国家开发银行与乌兹别克斯坦外经银行开展授信合作，由其转贷当地轻工、纺织、食品加工等中小企业。截至目前，双方累计合作金额2.55亿美元，支持了300余家中小企业发展，解决了数千人就业，获得当地民众赞誉。

2009年国际金融危机后，中亚多国普遍受到冲击，特别是与世界经济联系较多的哈萨克斯坦等国。为此，中国提供100亿美元作为基金，帮助中亚国家共同克服困难。而此前，中国已向哈萨克斯坦提供总额130亿美元的贷款。

金融合作将成为丝绸之路经济带发展的助推器。2014年5月，丝绸之路经济带财经智库国际研讨会在哈萨克斯坦首都阿斯塔纳举行。会上各国专家学者就未来在丝路经济带框架下深化沿线国家金融合作提出了如下方向：一、积极推动双边本币结算，条件具备时推动建立丝绸之路经济带多边结算体系；二、逐步扩大货币互换规模，构建涵盖丝绸之路经济带沿线各国的货币互换网络；三、积极探索共同出资、共同受益的资本运作新模式；四、促进金融市场稳步开放，搭建跨境金融服务网络；五、加强国际金融治理以及金融监管合作，增进金融政策协调。

2009 年 6 月，中国国家开发银行与吉尔吉斯斯坦结算储蓄银行签署人民币贷款协议。

2010 年 6 月，中国国家开发银行与塔吉克斯坦国家储蓄银行签署授信协议。

2011 年 3 月，中国与土库曼斯坦两国签署《关于中国国家开发银行向土库曼斯坦天然气康采恩提供贷款的框架协议》。

哈萨克斯坦马伊纳克水电站，该项目是哈萨克斯坦独立以来自主设计建设的首个大型水电站项目，投资总额为 2.5 亿美元，其中 2 亿美元由中国国家开发银行提供贷款。

中国提供 1 亿元优惠贷款向乌兹别克斯坦出口 2500 台中型拖拉机项目首批交货仪式

中亚地区最大的商业银行——哈萨克斯坦商业银行与中国海南三亚市政府签订投资意向书，投资 10 亿美元开发三亚海棠湾南侧约 2 平方公里的用地。

能源开发

两千多年前，当载满货物的驼队在丝绸之路上缓缓而行，谁能想到，他们脚下土地蕴藏的宝藏会成为两千多年后丝绸之路的新纽带。悠扬的驼铃声已成为历史的记忆，而建设能源丝绸之路的新愿景正在展开。

从石油到天然气，能源合作成为丝绸之路经济带建设的重点之一，也成为中国与中亚国家合作的新亮点。

中哈原油管道是中国的第一条跨国原油进口管道。2004 年 7 月，中国石油天然气勘探开发公司和哈萨克斯坦国家石油运输股份公司各自参股 50%，成立了中哈管道有限责任公司，负责中哈原油管道的项目投资、工程建设、管道运营管理等业务。中哈原油管道起点是哈萨克斯坦西部的阿特劳，终点在中国的阿拉山口，全长 2798 公里，设计输送能力每年 2000 万吨原油。截至 2013 年末，哈萨克斯坦通过中哈原油管道已经累计向中国输送原油 6362 万吨。

土库曼斯坦东北部，苍茫大漠中，阿姆河蜿蜒而过。两千多年前，这里曾是古丝绸之路南道——从敦煌通往伊斯坦布尔的必经之路。今天，这里已成为中国—中亚天然气管道的重要起点。

中国—中亚天然气管道，是中国首条引进境外天然气资源的跨国能源通道，西起土库曼斯坦和乌兹别克斯坦边境，穿越乌兹别克斯坦中部和哈萨克斯坦南部地区，在新疆霍尔果斯入境，为中国 25 个省区市超过 5 亿人提供清洁能源。截至 2013 年底，该管道已累计向中国输送天然气 681 亿立方米，相当于中国 2010 年天然气总产量的一半。

2013 年习近平主席访问土库曼斯坦期间，中土两国签署相关协议，预计到 2020 年左右，土库曼斯坦向中国年供天然气总量可达 650 亿立方米以上。

2013 年，中国与哈萨克斯坦两国确定了能源领域合作优先工作方向，以进一步扩大合作范围、提高合作水平、深化合作层次，实现能源领域全面战略合作。

2014 年，中国与乌兹别克斯坦正在实施 28 亿美元的能源合作项目，其中 25 亿美元来源于中方直接投资。

2014 年，中国与吉尔吉斯斯坦在关于进一步深化战略伙伴关系的联合宣言中提出，双方愿扩大和加强电力、油气、水能、可再生能源等领域的互利合作，推动实施中吉天然气管道建设项目、达特卡—克明输变电项目和比什凯克热电厂改造项目等双方感兴趣的能源合作项目。

目前，中国在中亚初步建成了剩余可采储量 4.7 亿吨、年产 3000 万吨油气当量的油气生产基地和向国内年输油 1200 万吨、输气 300 亿立方米的重要油气通道，中国和中亚的能源合作格局基

中哈原油管道一景

本形成。未来，加强绿色能源开发、拓展非能源领域合作，将成为中国与中亚国家的共同需求。

丝路经济带能源合作，并不是一场简单的买和卖的商品交易，更是一场有着深刻内涵的双边乃至多边的携手共赢。

中亚地区拥有丰富的油气等资源，中国经济的不断增长，以及丝绸之路大通道的建设，使得这些国家能够把丰富的能源优势与中国增长的需求有机结合起来，分享中国经济增长的市场红利。

中国与中亚国家的能源合作项目，极大地促进了当地经济发展。以中国—中亚天然气管道为例，中国石油中亚天然气管道公司与乌兹别克斯坦相关方所签订合同总金额，占乌国 2008 年国内生产总值的 1.7%，向乌国政府上缴的各项税费占乌国 2008 年政府财政收入的 2.3%；与哈萨克斯坦相关方所签订合同总金额，占哈国 2008 年国内生产总值的 1.04%，上缴各项税费占哈国 2008 年政府财政收入的 3%。而通过中土天然气合作，土库曼斯坦天然气生产和出口获得稳定提高，增加了国家财政收入。据统计，阿姆河天然气项目实施以来，已向当地政府纳税近 3.6 亿美元，为当地创造 2 万多个就业岗位。土库曼斯坦总统称赞中土油气合作堪称“土中合作的典范”。

在与中亚国家开展能源合作的过程中，中国企业严格遵守所在国法律法规，注重保护生态环境和提高自然资源的利用效率，同时，积极推广应用有利于环境保护的新技术，切实采取提高能效、循环利用资源、生态修复和减少排放等多种措施保护环境。

霍斯佳是中国石油天然气集团公司阿克纠宾油气公司的一名哈萨克斯坦员工。刚进入公司时他对中资企业文化有些不适应，对于忙碌的工作也稍显生疏。但随着参加公司在当地举行的一系列爱心奉献活动，霍斯佳逐渐了解到，中资企业

参与中哈原油管道建设的中国技术人员与哈萨克斯坦员工

对驻在地资源开发是共同分享利用的。此次公司为当地福利院赠送了数十万元人民币的食品、玩具、衣物等。看着中方员工与福利院小朋友互动游戏的场景，霍斯佳认为自己的选择没有错。

在丝绸之路经济带框架下，中国与丝路沿线其他国家的能源合作也在不断走向成熟。

2013年，中国从伊朗进口石油达到2700万吨，伊朗已成为中国第三大能源供给国。中国企业还与伊朗企业共同参股开发油气资源，如中海油得到了伊朗北帕尔斯天然气项目50%的股份，中石油获得了南阿扎德甘油田的开采权。

2014年5月，中俄双方签署了《中俄关于全面战略协作伙伴关系新阶段的联合声明》，提出要建立全面的中俄能源合作伙伴关系。两国政府签署了《中俄东线天然气合作项目备忘录》，中国石油天然气集团公司和俄罗斯天然气工业股份公司签署了《中俄东线供气购销合同》。根据合同，从2018年起，俄罗斯开始通过中俄天然气管道东线向中国供气，输气量将逐年增长，最终达到每年380亿立方米，累计合同期30年。俄罗斯对中国的石油出口也将逐步提高，从2015年起，中俄原油管道的输油能力将达到每年2000万吨；从2018年到2037年，这个数字将提高到每年3000万吨。

合作、互信、共赢，丝绸之路经济带上，能源合作正画出新的蓝图。

管线铺设

管线焊接

2010 年 6 月，装载 45 吨液化石油气的列车由哈萨克斯坦驶入中国新疆阿拉山口口岸，这是中国首次由铁路进口液化石油气。

哈萨克斯坦，中国—中亚天然气管道工程运输车辆

2009年12月15日，土库曼斯坦第一天然气处理厂，工人们挥舞土库曼斯坦、乌兹别克斯坦、哈萨克斯坦和中国国旗，欢庆中国—中亚天然气管道通气。

2013年9月4日，土库曼斯坦马雷州，由中国石油天然气集团公司承建的土库曼斯坦“复兴”气田一期工程竣工投产。

土库曼斯坦，中石油员工在天然气井站巡检。

中俄原油输送管道施工现场

2014 年 11 月 9 日，中俄两国签署了《关于通过中俄西线管道自俄罗斯联邦向中华人民共和国供应天然气领域合作的备忘录》。

农业合作

两千多年前，丝绸之路的开通使得西域的水果、蔬菜等农作物不断输送至中国西北和中原地区，而中国的冶铁、掘井等农业技术和一些先进农具也沿着丝绸之路传入中亚。而今，建设丝绸之路经济带战略构想的提出，为丝路沿线国家在农业领域的交流、合作赋予了全新的课题。

2012 年，乌克兰最大的农业企业乌克兰农牧集团与中工国际工程股份有限公司签署了价值 40 亿美元的合作项目协议。该项目包括在乌克兰建设 40 万吨猪肉生产基地、60 万吨鸡肉生产基地等，还包括在黑海港口建设粮食仓库和吞吐量达 500 万吨的粮食转货码头，在乌克兰建设粮食存量为 200 万吨的库存基地等。这些项目主要面对中国市场。

乌克兰素有“欧洲粮仓”之称，是欧洲乃至世界的粮食及部分农产品主要出口国。乌克兰粮食生产量达到了人均 1.5 吨，是世界人均粮产量最高的国家之一，而其农产品自身消费只有 20%。随着中国对农产品尤其是肉类的消费需求不断增加，乌克兰成为中国重要的农业合作伙伴。

最近几年，中国与乌克兰在农业方面合作频繁。2011 年 4 月，中乌双方签署了关于建设中乌农业合作园区的谅解备忘录；2012 年 5 月，中国进出口银行、中国成套工程有限公司与乌克兰财政部、乌克兰国家食品粮食集团共同签署协议金额达 30 亿美元的农业合作项目；2012 年 12 月，乌克兰农牧集团与中粮集团有限公司签署了关于玉米供应的合作备忘录……

中亚五国与中国西北地区毗邻，幅员辽阔，地广人稀。这里光热资源、土地资源、物种资源十分丰富，发展农业生产条件得天独厚。哈萨克斯坦、乌兹别克斯坦和土库曼斯坦等国已成为世界重要的粮食、棉花生产和出口国。

近年来，中国与中亚国家农业合作取得了积极成果。中国与哈萨克斯坦联合防治蝗虫灾害合作富有成效，农产品快速通关“绿色通道”开通工作正加紧推进。中国企业农业科技示范中心在塔吉克斯坦落成，良种推广和农业技术普及工作得到了塔吉克斯坦政府和民众的高度好评。中国与乌兹别克斯坦、塔吉克斯坦成立了农业合作机制，为指导规划双方农业合作搭建起良好平台。

丝绸之路经济带战略规划提出以来，中国与中亚国家农业合作进程明显加快。2014 年 5 月，中国和土库曼斯坦在北京发表联合声明，双方愿在农业科技，农机，棉花和小麦等农作物育种、试验示范和种植方面加强合作；同月，中国和哈萨克斯坦在上海发表联合声明，双方将继续加强农作物种植、畜牧养殖、动植物疫病防控、农业机械、农产品加工等领域的技术经验交流。

除了国家层面合作，中亚国家的地方政府也

乌克兰素有“欧洲粮仓”之称，是世界主要粮食出口国之一。

乌克兰尼古拉耶夫港口，出口谷物正在装船。

新疆是中国最大的棉花产区。20 世纪 50 年代新疆就开始学习中亚植棉技艺。如今，新疆与中亚国家之间的棉花种植科技合作与交流更加活跃。

表现出对丝路经济带农业合作的浓厚兴趣。哈萨克斯坦江布尔州副州长伊斯卡利耶夫表示，江布尔州是丝绸之路在哈萨克斯坦的重要节点，江布尔州农业用地资源丰富，哈方将采取包括土地租赁优惠等一系列措施，吸引中国投资者。

科学技术是提高农业综合生产能力的关键，也是丝绸之路经济带农业合作的重要内容。

杨凌农业高新技术产业示范区是中国唯一的国家级农业示范区，在干旱半干旱农业现代化研究和应用领域始终走在全国前列，在国际上也具有较强的竞争力。杨凌乐达公司是示范区内一家从事园艺种苗研发生产的企业。2014 年，公司与吉尔吉斯斯坦田园牧业集团签署了在吉建立 64 亩花卉种植基地和 10 万亩牧草种植基地的合作协议。这个项目将在花卉种苗繁育及生产的精细化操作方面，对整个吉尔吉斯斯坦起到带动和促进作用。

围绕建设丝绸之路经济带现代农业国际合作中心，杨凌农业高新技术产业示范区内的多家企业积极开拓中亚等地市场，促进杨凌先进的农业技术及产品向丝绸之路沿线国家流通。杨凌汇承果业的高酸苹果已被纳入“中国—哈萨克斯坦元首苹果友谊园”项目，杨凌秦宝牧业、秦川节水等 8 家企业已经与吉尔吉斯斯坦、哈萨克斯坦、乌兹别克斯坦等国在温室技术、节水灌溉等领域展开合作。2014 年 7 月，杨凌在吉尔吉斯斯坦建立了第一个现代农业示范推广基地。今后，杨凌还将在哈萨克斯坦、塔吉克斯坦等国建立现代农业示范推广基地，推进丝路经济带农业合作。

丝路沿线国家在农业领域有着广阔的合作空间，在果业、畜牧业等领域大有可为。随着绿色食品、健康饮食潮流的兴起，发展特色农业、绿色农业、反季节农业，开发中高端农产品市场将是未来中国与丝路沿线国家农业合作的主要方向。建设丝绸之路经济带，将为沿线国家的农业发展带来新的机会。

2013 年 12 月，乌克兰总统亚努科维奇在北京参加第二届中国—乌克兰经贸合作论坛时表示，希望扩大中乌两国在农业领域的合作。

2014 年 11 月，第二十一届中国杨凌农业高新科技成果博览会在陕西杨凌举行。农高会创办 20 年来，对推动中外农业的合作交流发挥了重要作用。

陕西杨凌，用猕猴桃加工的果酒和果干引起了吉尔吉斯斯坦客商的兴趣。

2014 年 8 月 28 日，首届中国—中亚国际农业产业博览会在哈萨克斯坦首都阿斯塔纳召开新闻发布会。

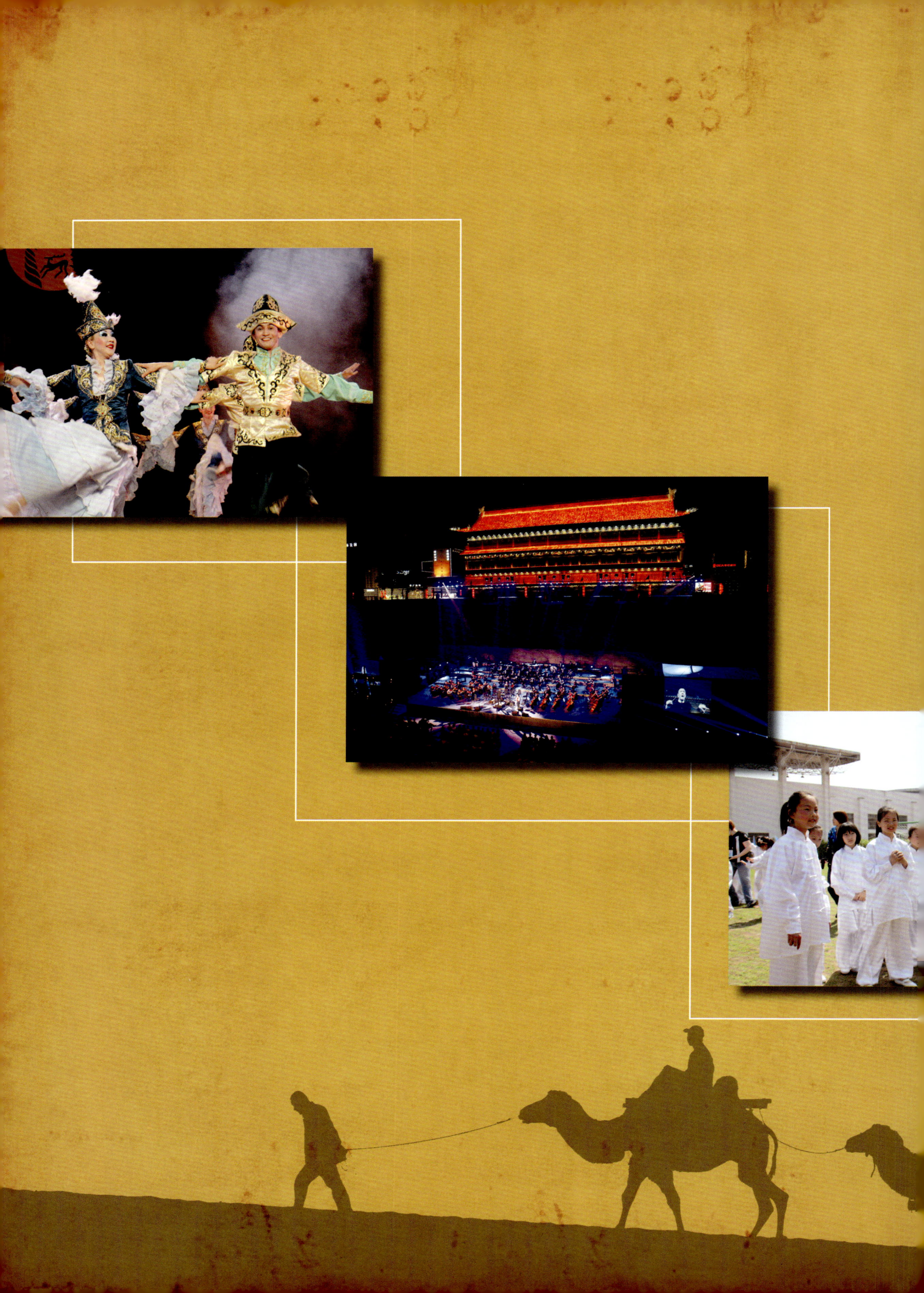

丝路传承
——羌笛绵延胡舞飞扬

古丝绸之路是沿线国家共同创建的，是这些国家共同的财富和文化记忆。文化的影响力可以超越时空、跨越国界，文化的交流、对话，可以让不同国家、不同民族、不同信仰的人们在沟通中建立更多认同与包容。在新的历史时期，建设丝绸之路经济带战略将再次促进人类不同文化的交相辉映、交流互鉴，促进不同文明的共同发展。

文化交流

历史上，丝绸之路不仅是中国与亚非欧各国之间商业贸易的通道，也是沟通东西方文明的桥梁。中国古代文明随丝绸之路传到西方，来自异域的音乐、舞蹈、绘画等给中国文明注入了新的血液。通过丝路这座桥梁，世界开始了解中国，中国也开始了解世界。

古丝绸之路商贸与文化交流并进；今天，加强人文交流，推动不同文明之间的对话，促进各国人民相互了解，同样是丝绸之路经济带建设的一项重要内容。

2014 年 5 月，一台中西合璧的演出在陕西西安上演：一边是黛瓦红柱的长安舞台，一边是白石圆柱的罗马舞台；二胡、琵琶和提琴、簧管在长安和罗马这两个由“丝绸之路”相连的舞台上交替奏响；秦腔《三滴血》《贵妃醉酒》选段与歌剧《我的太阳》《图兰朵》相继开唱……这台名为“一条丝路两城歌”的文化交流演出在西安结束后，还将应邀前往意大利罗马演出。

类似的文化交流活动不胜枚举。“彩绘丝路——中国当代著名美术家作品展”自 2010 年启动，已走过土耳其、亚美尼亚、格鲁吉亚、阿塞拜疆、伊朗等众多丝绸之路沿线国家，受到各国观众欢迎。“俄罗斯、乌克兰、哈萨克斯坦、乌兹别克斯坦、塔吉克斯坦、吉尔吉斯斯坦六国美术精品交流展”让人可以从中领略丝路沿线不同国家的风土人情和艺术风格，同样吸引了大量中国观众……

2014 年 9 月，首届“丝绸之路国际艺术节”在西安正式开幕。作为中国第一个有关丝绸之路的综合性艺术盛会，艺术节邀请了丝路经济带沿线国家的多个优秀节目参加展演。不同国度的艺术家同台献艺，反映了丝路沿线不同民族、不同国家间文化的交流融合。

位于丝绸之路起点陕西西安市的丝绸之路博览园正在筹建中。这是首座以“丝绸之路文化”和“丝绸之路商贸”为主题的国际商贸文化创意博览园。博览园将集中展示丝路沿线国家的特色文化、特色商品、特色建筑、特色餐饮、特色演艺和特色旅游，为丝路沿线国家间开展文化交流和贸易合作提供平台。目前，该项目已与数十个丝路沿线国家达成合作意向。

以文化先行方式建设“丝绸之路文化产业带”，是中国推进丝绸之路经济带建设的一项重要举措。通过建设“丝绸之路文化产业带”，将加强中国与丝路沿线国家在影视、演艺娱乐、动漫游戏、文化旅游、工艺美术、非物质文化遗产、民族文化、工业制造、建筑设计、文化体育等多领域的交流合作；推动各国文化产业融合发展，加速文化贸易往来，促进经济可持续发展；增进不同国家、不同民族、不同宗教信仰之间的理解、

第四届中国—亚欧博览会中外文化周主题音乐会《永远的丝绸之路》

加强国际交流和互信；最终实现产业带各地、各国互利共赢、共同发展。

阿拉丁神灯、辛巴达的航海传奇、阿里巴巴与四十大盗……这些《一千零一夜》中的阿拉伯经典故事将以大型 3D 动漫、电子游戏等形式在中国和伊朗同步上市。这是中伊两国文化创意公司共同投资 1.2 亿元人民币，倾力打造的系列文化产品之一，也是丝绸之路经济带文化产业合作的新成果。

开发这一项目的新疆卡尔罗媒体科技有限公司成立于 2008 年，在短短几年内迅速崛起，成为国家级动漫企业。3D 版《一千零一夜》动漫及系列衍生产品将是该公司近年来联合伊朗、哈萨克斯坦等丝绸之路经济带沿线国家的文化企业，面向全球合力推出的系列文化产品之一。该公司总经理尼加提·阿布都热依木说，“我们的文化资源优势就是我们新疆把中东文化、中亚五国文化和中国文化融合在一起。所以，我们利用自己的文化资源，开始做特色资源文化产品。和伊朗合作制作《一千零一夜》3D 大型动漫就是一个很有意义的尝试。”

贯穿在丝绸之路这条大通道上的历史遗产、经典文化、民族民俗文化、旅游观光文化等资源在世界上独一无二，赋予了“丝绸之路文化产业带”独特的资源禀赋。共建丝路经济带，文化产业大有可为。

文化的意义在于传承、尊重，交流的意义在于沟通、融合和进步。古老的丝绸之路是东西方文化交流的重要通道；21 世纪的丝绸之路，将开辟互利共赢的广阔天地，促进不同文明的共同发展。

首届“丝绸之路国际艺术节”在陕西西安举行。

“吉尔吉斯共和国文化之夜”在新疆乌鲁木齐上演，来自吉国的艺术家为观众献上了精彩的表演。

哈萨克斯坦舞蹈团在中国四川雅安进行文化交流演出

《新丝绸之路——长安》交响地图音乐会在西安上演，著名华裔作曲家谭盾与丝路沿线的伊朗、吉尔吉斯斯坦、乌兹别克斯坦等国音乐家联袂演出。

BEA

《新丝绸之路——长安》交响地图音乐会创作团队，来自丝路沿线不同国家的音乐家汇聚一堂。

“彩绘丝路——中国当代美术家丝绸之路万里行”活动，中国美术家在丝路沿线各国采风考察，并同当地艺术家进行艺术交流。

“俄罗斯、乌克兰、哈萨克斯坦、吉尔吉斯斯坦、塔吉克斯坦、乌兹别克斯坦六国美术精品交流展”在新疆博物馆展出。

“孩子笔下的童话——六国民间故事儿童画展”，展出的300多件作品均出自中国、哈萨克斯坦、吉尔吉斯斯坦、塔吉克斯坦、乌兹别克斯坦和俄罗斯儿童之手。

西安大唐西市丝绸之路风情街，集纳了丝路沿线各国的文化景观和风土人情。

在新疆乌鲁木齐举行的丝绸之路国际服装节上，乌兹别克斯坦模特展示本国特色服装。

中亚五国记者团受邀访问中国，与中国新闻界同行、政府官员和企业家等社会各界进行了广泛交流。图为记者们感受中国茶文化。

塔吉克斯坦国家图书馆“中国厅”，在这里工作的当地姑娘范丽达正在向中国老师学习下围棋。她说自己很想去中国，想通过学习汉语了解中国文化。

在北京举行的“上海合作组织成员国艺术节——非遗和传统文化展示”活动中，俄罗斯刺绣展示。

“安纳托利亚文明：从新石器时代到奥斯曼帝国”展览在上海博物馆展出，这是土耳其首次在中国举办文物展览。

科技借鉴

白砂糖是人们餐桌上不可缺少的调味品。但很多人并不知道，糖的传播也与丝绸之路有着密切的关系。唐代僧人玄奘（602—664）沿丝绸之路前往古印度取经求法，见当地人都在吃一种像泥巴一样的东西，尝起来很甜。经询问，他得知这是从甘蔗中提炼出来的，于是学习了这种制糖技术，并将其带回东土大唐。印度制糖法的传入，对中国糖业发展起到了非常重要的作用。唐代以后，中国的制糖技术不断提高，在印度红糖的基础上，发明了红糖脱色技术，制造出了白糖。白糖制作技术又沿着丝绸之路，传回到了印度。

古代丝绸之路不仅是商旅的盛宴，也是科学技术交流与借鉴的大通道。古代中国的织丝、制瓷、造纸、印刷、冶炼等科技成果沿着丝绸之路向西传播，西方的天文、历法、数学、医学等科学技术也在后期沿着丝绸之路传入中国。今天，在建设丝绸之路经济带框架下，丝路沿线国家在科技合作领域无疑具有更加广阔的前景。

在中国与丝路沿线国家的众多科技合作中，农业一直是重要内容。丝路沿线各国大多处于干旱、半干旱地区，与中国北方旱区地理条件和环境大体相同，对农业科技的需求具有共通性。

以哈萨克斯坦为例，水资源匮乏、典型的大陆性气候，使其在农业节水灌溉领域具有强烈的“技术渴求”。而在中国陕西杨凌农业高新技术产业示范区，西北农林科技大学主导的产学研相结合节水模式已在中国多个县区产生明显效应。依托旱作农业、水土保持、农业生产环境调控、节水灌溉四大领域优质的科教资源，杨凌于2012年建立起中国旱作农业技术援外培训基地，与包括丝路沿线多国在内的广大发展中国家共享农业技术成果。

丝路经济带沿线国家间的科技合作，正是为这样的技术需求与供给之间架起桥梁。而从一开始的农业畜牧业，到地震监测预报、矿产资源勘探，再到高新技术领域，中国和丝路沿线国家的科技合作领域也在不断拓展。

2014年刚刚开始，新疆熙菱信息技术股份有限公司的工程技术人员就投入了忙碌的工作。他们正忙着为吉尔吉斯斯坦奥什市平安城市及智能交通项目做规划。这个投资8000万美元的项目是在2013年11月举行的“丝绸之路经济带城市合作发展论坛”上签订的。作为一家中国知名的以信息服务、软件研发、系统集成和智能工程为主的高新技术企业，熙菱信息已经为中国十几个省市的财政、工商、公安等行业提供了信息服务解决方案。现在，他们又将目光转向了更为广阔的中亚地区。公司负责人说，他们的产品和技术在吉尔吉斯斯坦基本属于空白，通过这个项目，将促进两国在该领域的科技交流合作。

中国的现代农业节水灌溉技术正在中亚国家得到推广。

以共同面临的技术问题为目标，以企业间的务实合作为基础，依托高校和科研院所，丝绸之路经济带国家间的科技合作将在已有基础上不断提升，真正实现科技成果互相流动、高技术产业互相拉动。

2014 年 7 月，中国陕西西咸新区沣东新城和俄罗斯鞑靼斯坦共和国签订合作协议，双方拟分别在中俄两国建设“中俄科技合作示范园”，积极推动中俄企业科技资源共享，打造丝绸之路经济带科技园区重要支点。“中俄科技合作示范园”的产业发展方向为创新型产业，优先发展中俄两国具有互补优势的航空航天、信息技术、服务外包、电子商务、金融服务等。

在共建丝绸之路经济带的战略构想下，中国将在新疆建立中国—中亚科技合作中心。根据规划，中国—中亚科技合作中心将建设面向中亚区域的科研数据库、资源库、环境监测及地震预测等网络，形成集国际科技合作组织协调、科技信息交流、战略研究、学术交流、新技术新产品展示、技术转移、创业孵化、科技培训、成果推广及协调管理等诸多功能于一体，具有一定国际影响力的“一站式”国际科技交流合作中心。

绵延数千公里的丝绸之路既是生态脆弱区，也是能源富集区。丝绸之路经济带亟须发展绿色经济、循环经济、低碳经济等可持续发展模式，这些都为丝路沿线国家之间开展更为紧密的科技合作提供了广阔空间。

中国—亚欧博览会上展出的高科技产品吸引了众多中外客商。

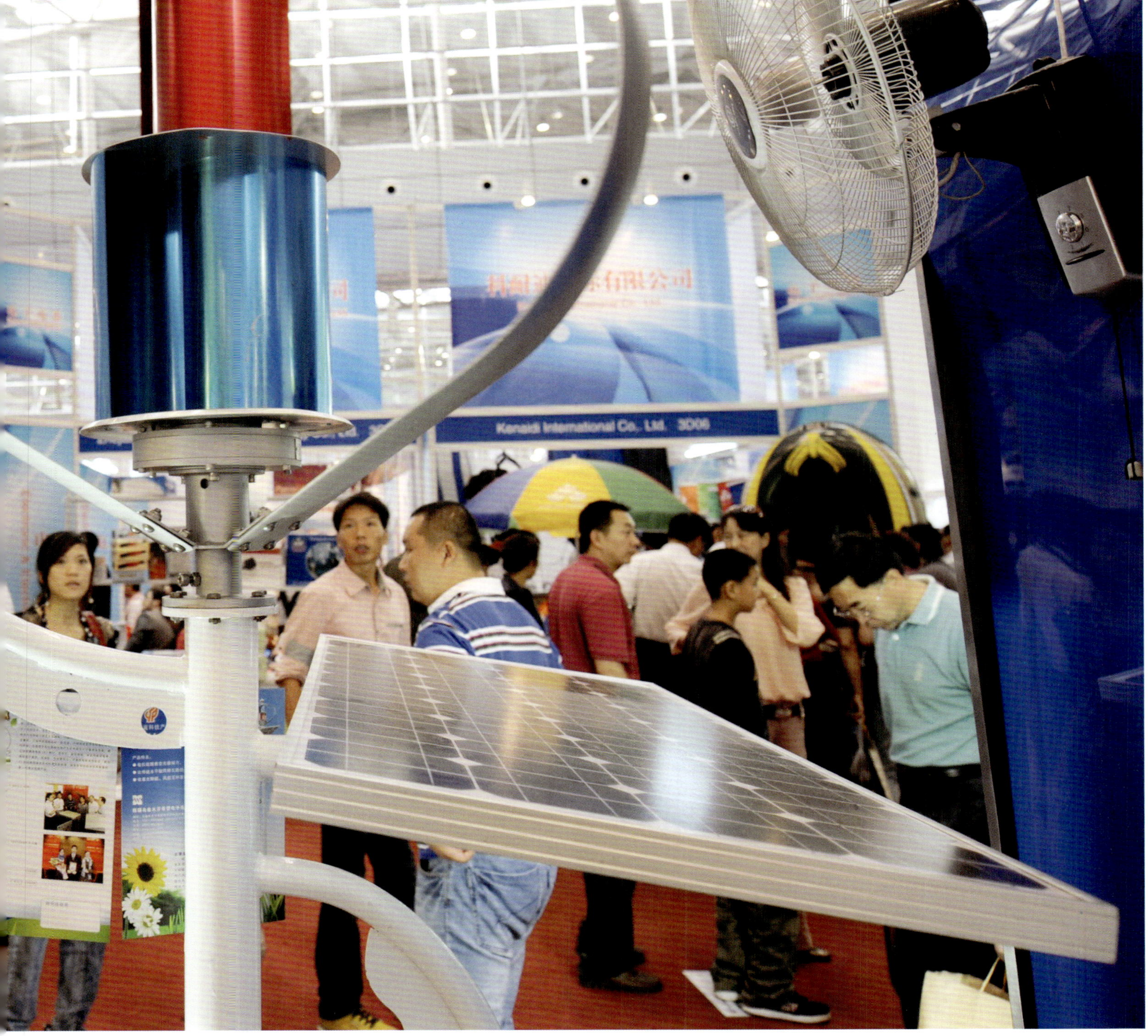
Kensidi International Co., Ltd. 3D06

中国—亚欧区域通信交流与合作论坛在新疆乌鲁木齐举行，来自中国、俄罗斯、哈萨克斯坦、蒙古、巴基斯坦、塔吉克斯坦等国的信息通信企业及研究机构代表共同讨论如何促进亚欧国家跨境通信网络互联互通。

丝绸之路经济带科技创新产业发展合作论坛，来自丝路沿线 7 个国家 24 个城市的嘉宾共同就科技合作议题展开交流与对话。

教育互访

古老的丝绸之路不仅输送着东西方的丰盛物产，更将各种不同的文明连在一起，人类智慧由此互鉴启蒙。自丝绸之路开启以来，沿丝路区域的教育交流就一直延续。例如汉唐时期，慕名前往长安求学的各国学子络绎不绝。

今天，建设丝绸之路经济带，也是相关国家和地区加强人文领域全面合作、增进民间交流与友谊的过程。而教育方面的交流，不仅为各国年轻一代提供了更广阔的发展，更将为丝绸之路经济带建设提供人才和智力支持。

“语言就像沟通的桥梁，假如有更多的中国人会说俄语，更多的俄罗斯人会说汉语，两国的交流肯定就会更频繁。”来自俄罗斯的奥利娅在甘肃兰州城市学院担任俄语教师，说到丝绸之路经济带建设，她觉得语言的交流很重要，并希望中国中西部有更多大学开设俄语专业。

在丝绸之路经济带沿线国家，学习汉语的人也在不断增多。孔子学院是中国在海外设立的推广汉语和传播中国文化的教育交流机构，它给世界各地的汉语学习者提供规范、权威的汉语教材，提供正规的汉语教学渠道。截至2013年，中国在丝绸之路经济带沿线的哈萨克斯坦、吉尔吉斯斯坦、塔吉克斯坦、乌兹别克斯坦等国共开设了10所孔子学院、12所下设课堂，学员人数近2.3万人；在俄罗斯设有18所孔子学院和4所孔子课堂，向俄罗斯社会各界开办各类汉语教学班922个。

在丝路沿线各国，也有越来越多的年轻人选择来中国留学。来自哈萨克斯坦的哈斯铁尔就是他们中的一员。四年前，哈斯铁尔来到西安石油大学攻读石油工程专业。明年就要毕业了，他对毕业后回国就业的前景非常看好。哈斯铁尔说，像他这样既懂技术又懂汉语、熟悉中国情况的留学生回国后肯定会受到本国企业欢迎的。

据中国教育部统计，2013年，中亚五国来华留学生总人数达2万多，其中由中国政府奖学金资助的留学生有2200多名。

由于地缘优势，新疆高校成为很多中亚和俄罗斯留学生的首选。2013年，就读新疆各高校的中亚五国及俄罗斯留学生人数达到4331人，占新疆高校留学生的近九成。新疆师范大学的老师介绍说，近几年不仅中亚留学生数量不断增长，他们的学习内容也发生了变化：最初多数只是进行语言培训，现在越来越多的留学生选择在中国学习商贸、医学、石油等专业。与此同时，2013年新疆也向中亚等地区派出了近800名留学生。中国与丝路沿线国家在教育领域的合作日益密切，对外开放程度越来越高。

2013年9月，中国国家主席习近平在哈萨克斯坦纳扎尔巴耶夫大学演讲时提到，中国将在未来10年向上海合作组织成员国提供3万个政府奖

孔子学院的课堂

学会名额，邀请1万名孔子学院师生赴华研修，以促进中亚及俄罗斯国家青年到中国学习交流。

2014年9月，北京人民大会堂，陕西师范大学校长房喻与阿富汗驻华大使穆罕默德·卡比尔·法拉希先生签署了《中国陕西师范大学与阿富汗喀布尔大学交流合作谅解备忘录》。中国国家主席习近平和阿富汗总统卡尔扎伊作为见证嘉宾出席了签署仪式。目前，已有更多的中国高校与丝绸之路经济带沿线国家高校签署友好合作协议，为进一步推进丝路经济带教育合作奠定了基础。

丝绸之路经济带战略构想的提出，将成为一个新契机，推动中国与丝路沿线国家为彼此间源远流长的交往史再谱新篇。无论是深化经济合作，还是拓展人文交流，丝绸之路经济带建设离不开人才和智力支持，离不开沿线国家教育和科研机构的精诚合作。

塔吉克斯坦国立民族大学孔子学院，当地学生正认真学习《大学汉语》。

中国新疆文化交流代表团在吉尔吉斯斯坦比什凯克人文大学孔子学院演出

俄罗斯布拉戈维申斯克国立师范大学孔子学院，俄罗斯学生展示自己的书法作品。

中国浙江师范大学与乌克兰卢甘斯克师范大学合作共建的孔子学院，是中国在乌克兰开办的首家孔子学院。

院欢迎你们
КОНФУЦІЯ!

“汉语桥”世界大学生中文比赛，自 2002 年以来共举行了 12 届，吸引了 70 多个国家的近千名选手参赛，在中国与世界各国青年之间架起了一座沟通心灵的桥梁。

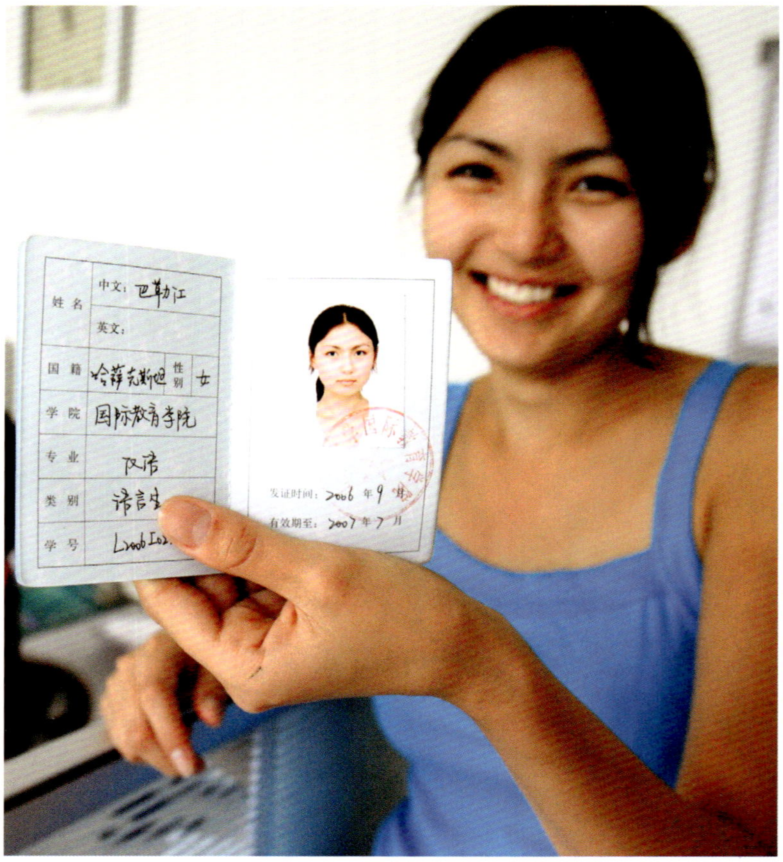

山东大学国际交流中心，来自哈萨克斯坦的留学生巴勒江领到自己的新学生证，十分开心。

来自吉尔吉斯斯坦的留学生百合与中国大学生一起学画水粉画。

来自土耳其（左一）和土库曼斯坦（左二）的留学生与中国大学生一起做月饼，迎接中国传统节日中秋节。

来自塔吉克斯坦的留学生 Davlatov Tokhir 在老师指导下学习戏曲表演技巧。

来自乌兹别克斯坦的留学生林芳在向中国小学生学习太极拳。

辽宁医学院国际教育学院，来自俄罗斯、哈萨克斯坦、印度、尼泊尔和巴基斯坦等国的留学生举行毕业典礼。

十多家中国石油企业前往中国石油大学招聘在华留学生，来自俄罗斯、哈萨克斯坦、巴基斯坦等十几个国家的留学生前去应聘。图为几名留学生在招聘现场展示简历。

丝路明珠
——璀璨绚丽光彩夺目

2000 多年前开辟的丝绸之路，架起了东西方相互往来、相互了解的桥梁。如果将丝绸之路比喻为一条美丽的丝带，沿线城市就是丝带上一颗颗璀璨的明珠。今天，城市依然是丝绸之路经济带建设的重要依托，它们在促进区域振兴发展中有着重要的先导性、集聚性和辐射性作用。

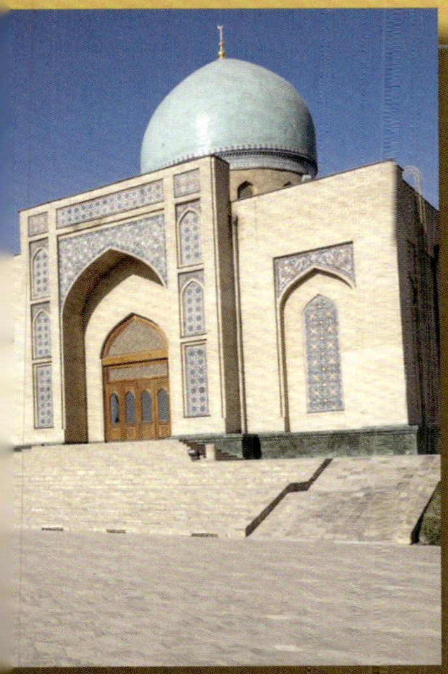

丝路起点：西安

西安古称长安，是中国西北地区第一大城市，陕西省省会。西安历史悠久，是中国历史上建都朝代最多、时间最长的都城，有着7000多年文明史、3100多年建城史和1100多年建都史，与雅典、罗马、开罗并称世界四大文明古都。

西安也是古代丝绸之路的起点。张骞通西域后，沿线各国商人络绎不绝地沿着丝路来到长安城，他们用带来的各种特产，换回中国的丝绸、铁器、茶叶等，再沿着丝绸之路运回自己的家乡。

西汉时，长安城人口已有约50万，是当时世界上最宏大的城市。唐长安城规模进一步扩大，城垣面积达84平方公里，人口达百万之众。随着丝绸之路的畅通和繁盛，唐都长安成为举世闻名的国际性大都会，云集了来自各国的使节、学者、高僧、艺术家、留学生和商人，还有大批外国人流寓侨居。他们中最多的是商人，在长安西市经营的外国商人多达数千人。

沿丝绸之路传入的外域文化也使长安城的人们耳目一新。胡服、胡乐、胡舞风靡长安，以罗马“黎轩善眩人”（魔术师）为代表的杂技百戏在长安演出，更使朝野倾动。

一并传入中国的还有宗教，包括最早的佛教，以及后来的祆教、景教、摩尼教和伊斯兰教等。唐朝时，长安城内仅佛教寺院就有上百所。唐朝

西安市貌。这座有着7000多年文明史、3100多年建城史、1100多年建都史的城市，如今是中国重要的科研、教育和工业基地，也是中国最佳旅游目的地城市之一。

秦始皇陵兵马俑是众多中外游客来到西安后最想参观的地方。

朝廷对侨居长安的外国人采取保护和礼遇的政策，对他们的宗教信仰也采取宽容和尊重的态度，准许他们在长安建立其宗教祠宇。

今天的西安，正在加快建设丝绸之路经济带新起点。围绕政策沟通、道路联通、贸易畅通、货币流通、民心相通五大目标，西安将充分发挥其在丝绸之路经济带中的地理区位优势、交通枢纽优势、历史文化优势、科教资源优势，努力建成最具发展活力、最具创新能力、最具辐射带动作用的丝绸之路经济带新起点。

哈萨克斯坦姑娘娜塔莉亚现在西安外国语大学学习汉语，第一次来西安时，她就被壮观的兵马俑深深震撼。课余时间她在一家旅行社担任俄语、哈语导游。以往来西安的哈萨克斯坦人主要是以经商为目的，2013 年中国国家主席习近平在哈萨克斯坦纳扎尔巴耶夫大学演讲时提到，古丝绸之路的起点是西安，现在哈萨克斯坦想来西安旅游的人数倍增，单是 2014 年暑假来西安参观的青少年夏令营就几近爆满，娜塔莉亚的这个夏天也因此相当忙碌。娜塔莉亚准备毕业后留在西安工作， 因为在这里，她看到了自己的未来。

西安正以她独有的魅力，吸引着越来越多来自世界各地的人们。古韵未减，新姿尽添，建设丝绸之路经济带的宏伟战略，将使这座城市再造辉煌。

西安古城墙，从隋唐皇城算起，至今已有1400多年历史。

西安大雁塔。大雁塔是公元 8 世纪为保存玄奘法师由天竺（今印度）经丝绸之路带回长安的经卷佛像而修建的，是丝绸之路鼎盛时期东西方文化交流的典型代表。

西安大唐芙蓉园，建于原唐代皇家园林芙蓉园遗址所在地，全方位再现盛唐历史风貌。这里每天上演的丝路大型演出及相关文化展示，可以让游客瞬间穿越，感受到盛唐时期丝绸之路的繁华。

西安世博园《丝绸之路起点》雕塑

2012 年 5 月，来自丝绸之路沿线 11 个国家 19 个城市的市长（代表）齐聚西安，就丝路城市间文化、旅游、经贸、科技等方面的交流与合作展开会晤。

2014 年 5 月，第十八届中国东西部合作与投资贸易洽谈会暨首届丝绸之路博览会在西安开幕，77 个国家和地区的 600 多个团组参会。

丝路桥梁：连云港

2014年2月26日，连云港港口集团与哈萨克斯坦哈铁快运物流有限公司在北京签署了中哈国际物流有限公司合资的合同和章程。根据协议，双方将共同投资1亿美元成立中哈合资企业，合资企业将在连云港港口建设物流场站，经营范围包括国际多式联运、拆装箱托运、仓储等国际货物运输业务。这标志着中哈依托新亚欧大陆桥运输共建丝绸之路经济带战略构想向实质性实施阶段迈出了关键一步。

向东看，是浩瀚大海，航线连接日韩；向西看，一条铁路直通中亚，向欧洲延伸。这就是连云港，一个地理位置特别、充满活力的城市。

连云港向西通过新亚欧大陆桥，将太平洋沿岸与中亚、西亚乃至欧洲紧密联系起来，向东与日本、韩国隔海相望，具有沟通东西、连接南北的独特区位，是从太平洋到达亚欧大陆的主要口岸，也是中亚等邻近内陆国家的便捷出海口。

目前，连云港开通了日韩、东南亚、欧美等60条近远洋航线，通达世界160多个国家和地区的1000多个港口，每年承运中亚50%以上的过境箱业务，对丝绸之路经济带的口岸支撑作用日益明显。

下一步，连云港参与丝绸之路经济带建设主要包括三个层面：

——打造衔接海陆丝绸之路的综合交通枢纽，构建起“海、陆、空、铁、水、管”立体式综合交通网络体系；

——打造丝绸之路经济带东西双向开放门户，构建起东北亚西向拓展和中亚地区东向出海的加工生产、商贸物流基地；

——打造丝绸之路经济带产业合作集聚区，在推进与上海的产业协作、与苏南地区的产业对接、与日韩的经贸合作等方面不断深化，进而推动与陆桥沿线地区和国家的产业合作，建设成进口资源加工基地、出口产品生产基地和重化工配套产业基地。

共建丝绸之路经济带的时代命题，为连云港和丝绸之路沿线城市创造了普惠性的历史发展机遇。打造新丝绸之路的海上门户，这是连云港给自己的定位。

连云港市貌

连云港—莫斯科国际铁路集装箱班列

DF4DD
0076
热烈庆祝“连云港-莫斯科”国际铁路集装箱班列首发！

繁忙的连云港集装箱码头。在古代，连云港是海上丝绸之路的主港之一；今天，作为新亚欧大陆桥东端起点，连云港将成为丝绸之路经济带重要的海上门户。

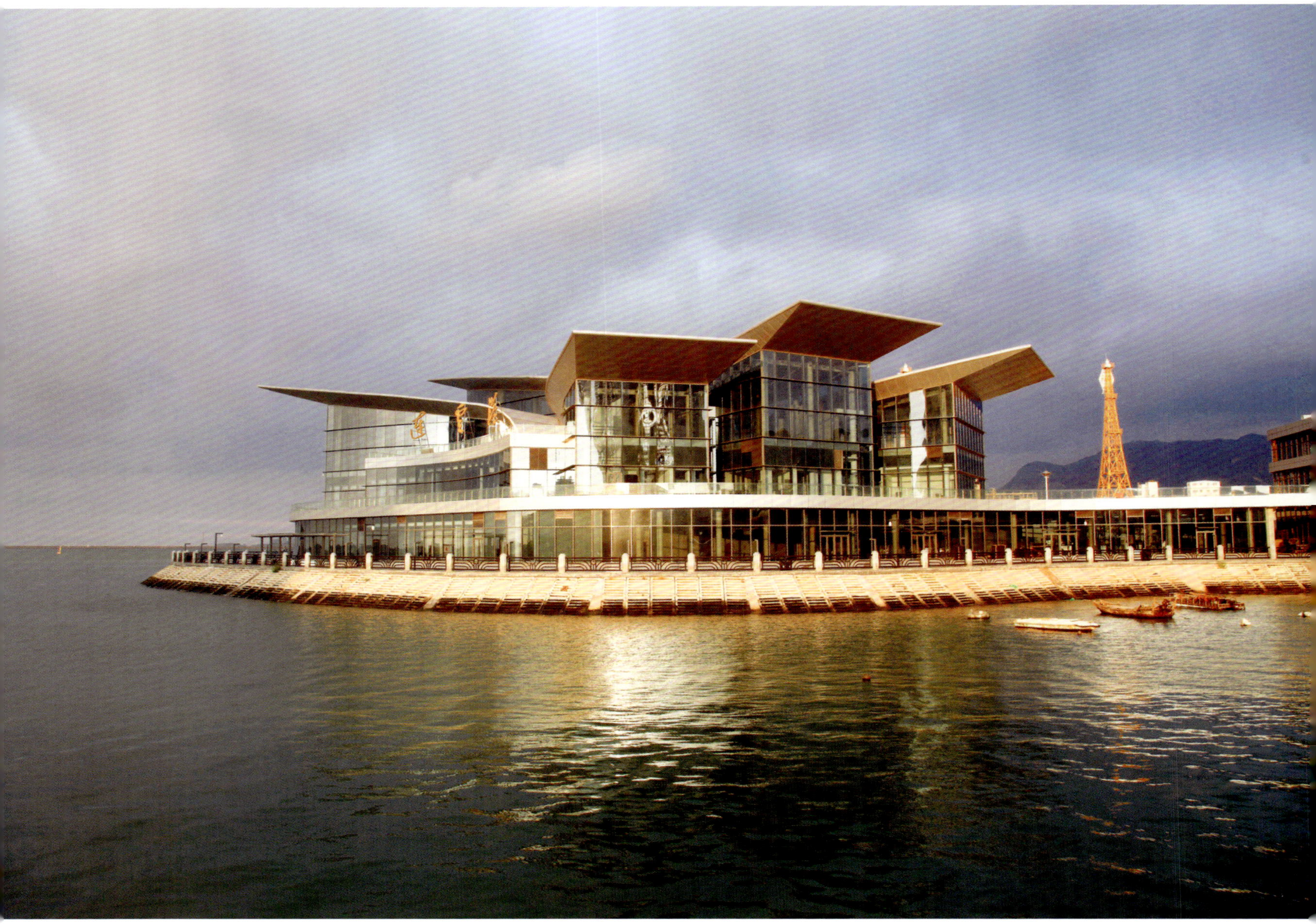

2014 年 7 月投入使用的连云港海运国际客运中心

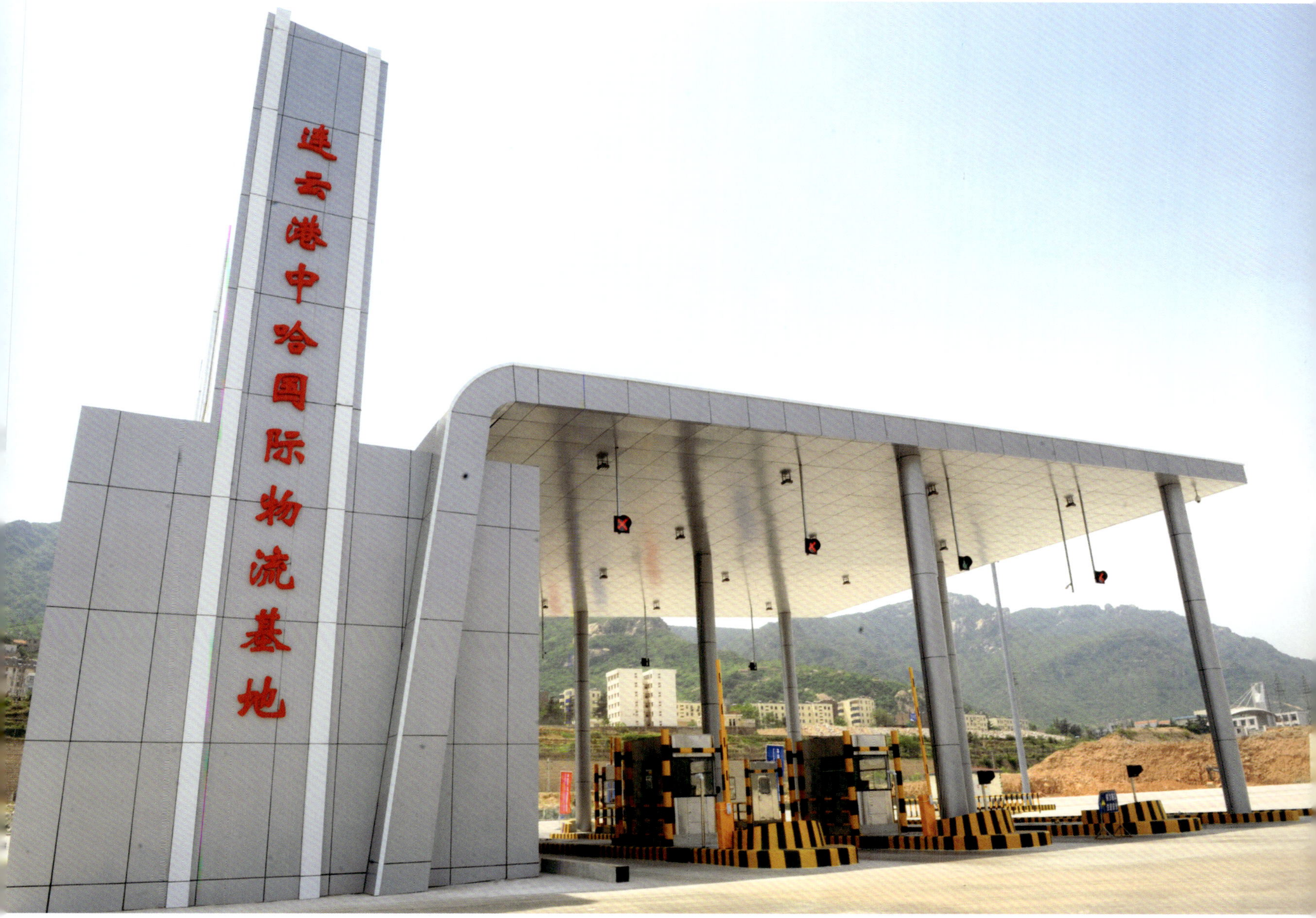

建设中的连云港中哈国际物流基地。该项目不仅是哈萨克斯坦在中国境内最大的物流基地，也将成为中亚五国过境运输、仓储物流、往来贸易的国际经济平台。

丝路枢纽：乌鲁木齐

新疆维吾尔自治区位于中国西北边疆，地处亚欧大陆腹地，周边与8个国家接壤，是中国边境线最长、接壤国家最多的省区。

古丝绸之路分南、北、中三道横穿新疆。自古以来，新疆就与中亚、西亚、南亚及欧洲等地有着密切而频繁的经济、文化交往。今天，新疆已成为建设丝绸之路经济带的重要战略枢纽。而乌鲁木齐作为新疆首府，其区位优势不言自喻。

乌鲁木齐位于天山山脉中段北麓，准噶尔盆地南缘，是沙漠中的一片绿洲平原，也是世界上距离海洋最远的内陆大城市。

表面上看，乌鲁木齐和中国其他的城市并无太大区别。不过，当置身乌鲁木齐街头，无数用汉语、维吾尔语、俄语、哈萨克语和吉尔吉斯语书写的广告牌、标识映入眼帘，你就会发现，它绝非一座普通的城市。

乌鲁木齐是一个多民族聚居的城市，共有50多个民族生活在这里。浓郁的民俗文化吸引了众多游客：少数民族的服饰、刺绣精巧别致，赛马、摔跤、叼羊等活动狂野不羁，当然，最让人印象

雪山下的城市——乌鲁木齐

维吾尔族姑娘。新疆是一个多民族聚居的地方，共居住着55个民族，其中维吾尔族人口最多，占总人口的46.4%。

迷人的新疆歌舞

深刻的还是热情的新疆少数民族歌舞。

行走在乌鲁木齐的大街小巷，你会发现许多外来客商的身影。他们大多来自俄罗斯、哈萨克斯坦、吉尔吉斯斯坦、塔吉克斯坦、阿富汗、巴基斯坦、印度等周边国家。很多中亚、西亚、南亚等地客商将乌鲁木齐作为首选的商贸驻在地，乌鲁木齐边疆宾馆二类口岸和西域轻工二类口岸终日热闹非凡，大量中亚、西亚等地客商来这里采购货物，其贸易额占乌鲁木齐进出口总额的半壁江山。在这两个二类口岸周边，连杂货小商店的老板都能随口说出几句流利的俄语和英语。

对于想要从中国购买商品的中亚等地客商来说，乌鲁木齐是离他们最近的中国大城市；对于往中亚和俄罗斯出口商品的中国内地厂商而言，乌鲁木齐是最重要也最方便的门户。每年在乌鲁木齐召开的中国—亚欧博览会，云集来自中国内地各省区和全世界几十个国家、地区的客商，已成为中国与亚欧国家经贸合作的重要平台。

包容和吸纳是乌鲁木齐的品质，传承与创新是乌鲁木齐的底蕴。乌鲁木齐正在努力将自己建设为丝绸之路经济带上的交通枢纽中心、商贸物流中心、金融服务中心、科教文化中心和医疗服务中心，打造面向中西亚和南亚、辐射亚欧的区域性现代化国际城市。

乌鲁木齐边疆宾馆二类口岸，中亚客商在市场内忙着采购。

中国—亚欧博览会一景。一年一度的中国—亚欧博览会已成为中国与亚欧国家经贸合作的重要平台。

FLEISCHER
400-0991-722
Ramsar
1号楼
EPARE
新疆名牌产品
新疆著名商标
伊帕尔汗 薰衣草

新疆乌鲁木齐国际大巴扎，重现了古丝绸之路的商业繁华。

2014 年 6 月，“丝绸之路经济带国际研讨会”在乌鲁木齐举行。

2014 年 9 月，第九届丝绸之路市长论坛暨 2014 年丝绸之路经济带城市合作发展论坛在乌鲁木齐举行。来自中国、俄罗斯、哈萨克斯坦、土耳其等 25 个国家的 48 个城市代表参会。

丝绸之路经济带城市合作发展论坛签约仪式

丝路重镇：塔什干

塔什干是乌兹别克斯坦首都，也是中亚人口最多的城市。

塔什干在乌兹别克语中意为“石头城”，因其地处山麓冲积扇一带，有巨大卵石而得名。这是一座历史悠久的古城，早在公元前2世纪就建有城池，公元6世纪就以商业、手工业著称，成为古代丝绸之路的必经之地。公元11世纪首见史书记载。1991年8月31日起成为独立的乌兹别克斯坦共和国的首都。

塔什干有新、旧城之分。1966年的一次强烈

花园之都塔什干

2013 年 4 月，中国—乌兹别克斯坦投资合作研讨会在北京举行。

地震，几乎将塔什干全城变为废墟，30 万人无家可归。震后城市进行了大规模重建，重建后的塔什干新城街道宽阔，绿树成荫，宛若浮在绿海上的美丽花园。

中国古代对外交往史上的重要人物张骞、法显（335—420）、玄奘，都曾沿着丝绸之路来到这里。今天的塔什干人显然对中国更加熟悉。不管是当地人家中的电视、冰箱、空调，还是位于城市西南部的中亚最大服装市场里琳琅满目的衣服、鞋子、箱包，“Made in China”随处可见。来当地投资的中国企业也越来越多。2005 年，塔什干孔子学院成立，为当地人学习汉语、了解中国文化打开了一个新的窗口，这也是中亚第一家孔子学院。

古丝绸之路连接起中国与中亚，不仅促进了地区经济繁荣，也为促进不同民族、不同文化相互交融作出了重要贡献。今天，中国提出的建设丝绸之路经济带倡议，得到了乌兹别克斯坦社会各界的一致赞成和支持。乌方多次强调，作为中方的战略伙伴，乌方愿积极参与丝绸之路经济带建设。

塔什干姑娘身着传统民族服装，庆祝“纳乌鲁斯”节。

塔什干艺术博物馆

塔什干最大的清真寺

丝路延伸：阿拉木图

阿拉木图位于哈萨克斯坦东南部，三面环山。这里以盛产苹果得名，在哈萨克语中，阿拉木图意思即为“苹果之城”。

阿拉木图有着悠久的历史，城市始建于1854年，1991年12月成为哈萨克斯坦共和国首都。1997年12月哈萨克斯坦将首都迁往中北部的阿斯塔纳，但阿拉木图至今仍是哈萨克斯坦最大的城市，也是全国经济、文化中心。

古丝绸之路横贯哈萨克斯坦，阿拉木图更是丝绸之路的咽喉，是古代中国通往中亚的必经之地，长期充任中西方贸易的“中继站”。

在阿拉木图的一个个大巴扎里，汇聚了来自哈萨克斯坦、乌兹别克斯坦、俄罗斯、中国等国的各种商品。商人们会根据情况，用俄语、哈萨克语、维吾尔语、土耳其语等招揽客人。这样的情形，很容易便让人联想到昔日的阿拉木图，那个丝绸之路上的贸易、手工业和农业中心之一。

眼下阿拉木图人更感兴趣的，是中国国家主席习近平在访问哈萨克斯坦期间提出的丝绸之路经济带构想。哈萨克斯坦总统纳扎尔巴耶夫表示，要把阿拉木图建成新丝绸之路上的金融中心。他与中国领导人共同关心的中哈霍尔果斯国际边境合作中心已开始封关运营，哈方客商入区经营，两国边境贸易较以往更加快捷、畅通。

通过丝绸之路经济带建设促进共同发展，这也是所有哈萨克斯坦人的期望。几年前正式启动的“欧洲西部—中国西部”国际公路，穿越哈萨克斯坦的5个州，在哈境内路段总长2787公里。道路全线贯通后，中国经哈萨克斯坦、俄罗斯到西欧的线路将较现在缩短三成以上。“这可以吸纳大量劳动力，通过哈萨克斯坦境内转运的货物量将大幅增加，届时货物与人员也不用都挤在阿拉木图中转，沿线的地区和城市都有了发展机会。”一位哈萨克斯坦居民如是描绘他眼中的丝绸之路经济带前景。

2014年5月，笔者前往哈萨克斯坦参加学术会议，在阿拉木图街头偶遇一群当地学生，他们热情地用汉语与笔者攀谈。原来，他们都在阿拉木图孔子学院学习汉语。当被问起为什么要学汉语，一个小姑娘说：“现在中国在建设丝路经济带，与哈萨克斯坦等中亚国家经贸联系会更紧密，更多的跨国企业愿意招聘懂汉语的毕业生。”话虽朴实，却透露出哈萨克斯坦等中亚国家与中国经贸人文关系的紧密联系。中亚国家学生学习中文热情高涨的原因之一，就是丝路经济带建设给当地经济发展注入中国元素的同时，也提升了当地百姓的生活水平，不同价位的中国商品为不同人群提供了多样的选择，中国企业的投资也给当地人提供了更多就业机会。

阿拉木图市貌

阿拉木图的集市

哈萨克斯坦中央国家博物馆举办“丝绸之路”手工艺品展销会。

阿拉木图市国际哈中语言学院，18 岁的阿丽娜正在教室里粘贴剪纸作品。国际哈中语言学院是一所以汉语、英语教学为主的语言学校，目前已培养 1000 多名学生，部分学生毕业后选择前往中国继续深造。

2011 年 12 月，中国与哈萨克斯坦第二条跨境铁路在新疆霍尔果斯口岸举行对接仪式，这是继新疆阿拉山口铁路对接之后的第二条中哈铁路通道。

中哈霍尔果斯国际边境合作中心

丝路交会：伊斯坦布尔

伊斯坦布尔是土耳其最大城市和港口，也是土耳其的经济、金融和文化中心。这座有2700年历史的城市，曾经是罗马帝国、拜占庭帝国、拉丁帝国、奥斯曼帝国和土耳其共和国的首都。

伊斯坦布尔最独特之处，在于它是全世界唯一一座横跨亚欧大陆的城市。正因为独特的地理位置，伊斯坦布尔成了古代陆上丝绸之路和海上丝绸之路的交会点。古时，海上丝绸之路从伊朗东南部的霍尔木兹海峡进入海湾，从伊拉克转陆路，最终在伊斯坦布尔与陆上丝绸之路会合。

在伊斯坦布尔的街头巷尾，常常可以看到喝茶的人。在土耳其语中，“茶”的发音与中国普通话很相近。学者们认为，这正是中国茶叶通过丝绸之路传播到土耳其的佐证。

托普卡帕宫也是这段历史的见证之一。这座建于1478年的宫殿收藏了1.7万多件中国古瓷器，

伊斯坦布尔的茶馆

伊斯坦布尔大巴扎里的土耳其瓷器

时代上至唐宋下至明清，藏品数量之多，仅次于北京故宫博物院和德国德累斯顿博物馆。这些瓷器主要是通过丝绸之路的商品贸易进入伊斯坦布尔的。

时间进入21世纪，当年的丝绸之路早已衰落，但中国与土耳其之间的交流变得更加密切。2013年中土双边贸易额达220亿美元，中国成为土耳其第三大贸易伙伴、第二大进口来源国和重要出口市场。在土耳其的上百家中资企业也有力地促进了土耳其的经济建设和社会发展，为当地人创造了大量就业机会。

目前，中国和土耳其已就丝绸之路经济带建设展开了一系列合作。

2014年1月，由中国铁建总承包建设的安卡拉至伊斯坦布尔高速铁路二期主体工程完工，土耳其总理埃尔多安亲自参加了通车测试。这是中国高铁技术第一次真正输出国外。土方还表示，希望中方投入到该国埃迪尔内—卡尔斯线高铁建设，该项目不仅对土耳其经济发展具有重要意义，还会造福丝绸之路沿线国家。

2014年5月，星摩尔沈阳购物广场正式开业。这是土耳其商业地产开发商特克莫公司和菲巴集团联手在中国投资开发的第一个大型项目。

土耳其人 Alper Ozen 与中国南方商人做了11年生意，目前主要从中国进口通信设备、机械和电子元件产品。他说，这些年来中国商品从质量到技术上都有很大提升，他的生意也水涨船高，去年他的公司装货量是30个集装箱，今年将增加到50个，预计明年会达到200个。他迫切希望尽快开通中国到土耳其的陆运通道，因为相比海运，陆运运输时间更短，也更安全。

以合作、共赢为特征的丝路精神符合时代潮流。丝绸之路经济带建设将造福包括土耳其在内的沿线各国，古老的伊斯坦布尔也将迎来新的发展。

伊斯坦布尔，世界上唯一横跨亚欧大陆的城市。

世界文化遗产伊斯坦布尔托普卡帕宫，这里收藏有 1.7 万多件中国古瓷器。

作为陆上与海上丝绸之路的交会点，伊斯坦布尔有着极其深厚的贸易传统。这个著名的大巴扎始建于15世纪，有4000多家店铺。

由中国企业参与建设的连接土耳其首都安卡拉和伊斯坦布尔的高速铁路

“2013 中国·土耳其文化年”活动，来自土耳其的艺术家们在中国多个城市展现了土耳其古代文明和现代作品。图为活动开幕式现场。

图书在版编目（CIP）数据

新丝绸之路 ：重新开始的旅程 / 马媛著. -- 北京 ：五洲传播出版社，2014.11

ISBN 978-7-5085-2980-6

Ⅰ. ①新… Ⅱ. ①马… Ⅲ. ①双边贸易－研究－中国、中亚 Ⅳ. ①F752.736

中国版本图书馆CIP数据核字(2014)第264974号

新丝绸之路：重新开始的旅程

出 版 人：荆孝敏

撰　　稿：马　媛

责任编辑：苏　谦

图片提供：中新社　CFP　东方IC　紫航文化

装帧设计：北京紫航文化艺术有限公司

出版发行：五洲传播出版社

地　　址：北京市海淀区北三环中路31号生产力大楼B座7层

邮　　编：100088

电　　话：010-82005927，82007837

网　　址：www.cicc.org.cn

承 印 者：北京华联印刷有限公司

版　　次：2014年11月第1版第1次印刷

开　　本：889×1194mm　1/8

印　　张：24.25

字　　数：200千字

定　　价：198.00元